中国茶で、おとな時間

伊藤悠美子

光文社

まえがきにかえて

お茶というもの

お茶には、さまざまな顔があります。
古来、薬であり、もてなしに欠かせないものであり、
渇きを癒す生活必需品でもありました。
お茶には甘み、渋み、旨みなど5つの味覚がすべて含まれており、
それは人生そのものとも言えます。
皇帝はもちろんのこと、
文人、詩人、そして一般庶民から愛されてきたお茶。
身分や生活のスタイルは違っても、
どんな立場の人にとってもお茶を飲む時間は、同じ時間なのです。

かたわらによく吟味したお気に入りのお茶があれば、
食事をいただきながら、友達とおしゃべりをしながら、
忙しい仕事の合間などにも、
ホッとひと息つけるような瞬間を与えてくれます。
お茶は一人でも、仲間と大勢でも楽しむことができます。
何かに行き詰まっている日には、
そっと自分を後押ししてくれるような力も感じます。
一杯のお茶から人生がはじまる。
そんな気持ちでこの本を作りました。
この本が、少しでも皆さまの暮らしの潤いになれたら幸せです。

目次

今、中国茶の世界にお誘いしたい5つの理由

はじめまして、伊藤悠美子です。
2006年から東京・元麻布で
中国茶と中国茶器の店「GUDDI」を営んでいます。
2020年にはじまった生活上のさまざまな制限は、
少しゆるやかになったとはいえ、2019年以前と
同じではないと感じます。生活や働くスタイルも様変わりして、
リモートワークやフリーアドレスなどは見慣れた光景になり、
その流れは急に止まることがなさそうです。
そんな中、中国茶を求める方の数は
少しずつ増えています。

—理由— 1

1日の句読点として

在宅で長い時間を過ごしていると、自宅の気楽さもありつつ、どこか1日がとりとめのないものになりがちです。それで困ることはないのですが、何かリズムが欲しくなってきます。「GUDDI」にレッスンにみえる生徒さんは30代、40代のキャリアの方々も多いせいか、リモート会議の前に烏龍茶などを淹《い》れて頭をクリアにして臨んだり、エネルギーが切れやすい昼下がりの時間帯にキッチンに立ち、好きなお茶で「気つけ」をしたり、という話をよく聞きます。もちろんそれがコーヒーでもいいのですが、中国茶は身体に優しく、何煎も飲めるのも長所です。以前はお湯の温度の管理が少し面倒でしたが、今は高性能の電気ケトルも増えました。1℃単位で湯温が設定でき、しかも注ぎ口が細くて使いやすくスタイリッシュ。こんな時代だからこそ、上質な中国茶がくれる澄んだ時間を味わいませんか。

理由

2
ワインのように
ゴルフのように、
中国茶は友を呼ぶ

日本には茶道があり、茶の湯を学ぶ人同士なら、色々なお話が尽きないと思います。ワインが好きな人も同様でしょう。中国茶も同じです。私自身も中国茶に携わりはじめて公私ともにさまざまな出会いがありましたし、中国茶への「愛」を通じて思わぬ方とお話しする機会ができたり……。この本のコラムに登場していただいた日野皓正さんもそのお一人です。ゴルフで言うと、「どこそこのカントリークラブで」とか「この前のマスターズで」などのキーワードがありますが、中国茶にも「中国でこんなお茶を買ってみた」「一度飲んでみたいお茶があって」など、さまざまな「お話のきっかけ」があると思います。中国茶の壮大な歴史のせいか、探求心が強い知的な愛好者も多く、常に刺激を与え合うことができる世界だと思います。

理由

3
中国茶も、いいものを少し、の時代

私が普段提供しているお茶は、お値段が安いとは言えません。でも、ある意味リーズナブルです。なぜなら、良いお茶が出来上がるまでには、木を育て、手摘みする茶農家の方々や、その風味を余さず最大限引き出す焙煎業者の並々ならぬ努力があるからです。最近は、機械で摘み取って大量生産する烏龍茶なども一部登場しているそうですが、労を惜しまず作られたお茶と同じではありません。そして、きちんと作られた上質なお茶であるほど、驚くほどの回数「煎が取れる」のです。ほかの世界も同じかもしれませんが、中国茶も経験が大切です。トップクラスのものを体験することで、自分の中に基準ができるのです。100gを30gに減らしても、より良いお茶体験という「経験の積み立て」をしていただければ……。日本で手に入る、経験する価値のあるお茶はどんなものか、お伝えしたいと思います。

―理由―

4 中国茶にもトレンドがある

中国茶の世界も日々進化を続けていて、昔と同じではありません。1990年代頃から中国茶に親しんできた方なら、大陸の安渓鉄観音などのお茶でも、最近は重みとパンチというよりも、香りの華やかさを重視する「清香タイプ」が増えてきたことに気づいておられるかと思います。これは、15年ほど前に台湾の烏龍茶が大人気を博したことに影響されてのことです。

また、最近人気の銘柄に、毛沢東が好んだ安化黒茶《あんかこくちゃ》や、野菜が採れない地区に住む遊牧民族のための国策茶と言われる茯茶《フウチャ》があり、それらは健康やダイエットに良いと言われ、密かなブームになっています。何千年もの歴史がある中国茶も、世の中の動きとともに変化していることがわかり、興味が尽きません。昔ひと通りかじったから……という方も、改めて中国茶に親しんでいただければと思います。

理由 5

工芸の魅力

お茶の器や道具も、中国茶の人気を反映して、素敵なものが増えています。伝統的な宜《ぎ》興《こう》の紫砂壺《シサフゥ》はもちろんのこと、最近は耐熱ガラス製のとても洒落た中国茶器のバリエーションが増えました。男性の手にしっくりくるようなシンプルでモダンなデザインもあれば、70ページのような、「玉《ぎょく》」と呼ばれる翡《ひ》翠《すい》の一種を用いた、このうえなく女性的で華やかなものまで百花繚乱《ひゃっかりょうらん》。シンプルなものにも、ザ・チャイニーズテイストのものにも、それぞれ目をひくものがあります。日本の陶器や銅工芸の中にも、中国茶道具に「見立て」ができるものも少なくなく、コーディネートの愉しみはますます広がっています。

第1章 私の人生を変えた銘茶への旅

父と中国茶

私の父は中国・大連の病院の勤務医をしていました。当時は近所同士のつきあいが深く、その地区では父を知らない人はいないほどでした。そのためなのか、いつでも客人が誰かしらいるような賑やかな家でした。お客さまは学校の先生や作家などの文化人が多かったような記憶があります。

人との関係も家族的で、船の事故で両親を亡くした9歳の男の子がいるのを知ると、父は「たった一人残されて施設に行くのはかわいそうだから」と、大学を卒業するまで面倒を見ていました。またあるとき、誰かが「生活に困っている」という噂を聞くと、「では、今度うちにいらっしゃい」と、こころよく応じていました。私の知らない間に、家の中に〝他人〟のきょうだいが4、5人増えているといった調子です。それが父の気質なのか、そういう時代だったのか、今ではわかりませんが、私は子供ながら面倒くさい気持ちを抱いていた時期もありました。でもそれは、単に家が落ち着かず、ときに賑やかすぎただけだったからかもしれません（笑）。

美味しいものが好きだった父は、色々なレストランによく家族を連れて行ってくれました。料理も得意で、ときには家計を気にせず、贅沢な素材を使った本格的な中華料理を作ってくれました。中でも忘れられないのはふぐの水餃子です。それは、どこのお店でも食べることのできない私の貴重な思い出の味です。

父のこだわりはお茶にも見られました。専門店で茶葉を選び、お気に入りの茶道具で、客人によくお茶を出していました。とっておきの茶器でお茶を淹れるときは、大

茶葉の一大産地、福建省福州の街並み。

切な客人が来ていることがわかったものです。

ある日のこと、父が、

「とても貴重なお茶が手に入ったから、ちょっと来てごらん」

と私を手招きし、嬉しそうに淹れてくれました。お湯を注いだ蓋碗（がいわん）の中では、茶葉が躍っていて、香りも色も春の山を思わせる透明感があり、澄み切った綺麗な緑色をしています。その色と香りだけでも、とても良いお茶であることがわかります。それが「龍井茶（ロンジンチャ）」という中国を代表する高級緑茶でした。私はそのとき10代前半でしたが、この小さな感動は、のちに私と中国茶を結びつけるきっかけになったのです。

美味しいものへの探求心は、父が遺《のこ》してくれたかけがえのない宝となっています。多くの人に信頼され人望も厚く、「私の人生に悔いはなかった」と世を去った父は、今でも私の誇りです。

中国茶に魅了されて

その父の嗜好《しこう》を最初に受け継いだのは、私とひと回り近く歳が離れた兄でした。兄は茶葉や茶器をいくつもコレクションしており、父を超えるほどの深い知識とこだわりを持っていました。私が20歳を迎える年齢になっていたあるとき、兄が大連にある中国茶専門店に連れて行ってくれました。

そこで飲ませてもらったお茶が、「こんなに美味しいお茶が、この世の中にあるなんて！」と、身体に衝撃が走るほどの美味しさでした。少し大げさに聞こえるかもしれませんが、それほど感動的な出合いだったのです。ひと口飲んで全身に染み渡るよ

若い頃の父。優しいけれど食卓での作法には厳しく、気を抜いていると姿勢を注意された。今でも父に見られている気がして、つい居住まいを正す。

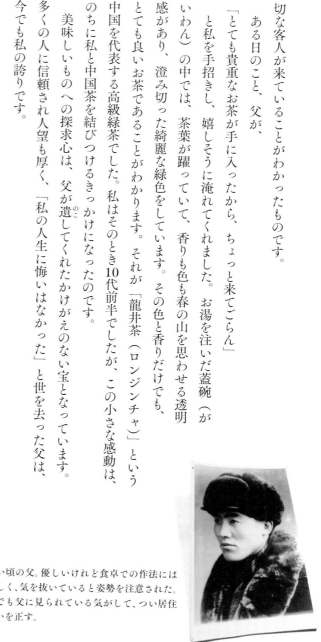

うな豊かな香りと深い味わい。それが「大紅袍（ダイコウホウ）」との最初の出合いでした。

大紅袍は青茶に分類される高級銘茶の岩茶ですが、当時の北京や大連では緑茶とジャスミン茶が主流で、現在ほど輸送機関が発達していなかったため、岩茶はあまり大連の市場に出回っていませんでした。その店主は、実家が福建省武夷山で代々岩茶を製茶している茶農家であったため、貴重な茶葉を入手することができたのです。

この体験によって、私のお茶に対する興味は一層増すようになりました。以来、兄は茶葉の種類や茶器の選び方など、お茶に関する知識を色々授けてくれるようになりました。

その後、私はアメリカと日本に留学・就職したことから、東京が生活の拠点となり、お茶の勉強は続けましたが、あくまでも趣味として嗜《たしな》むという日々が続きました。

その間も公務員の兄は出張で中国各地をくまなく行き来して、お茶の製造業者や、中国茶が趣味の友人たちが中国全土にいました。馴染みの茶店だけでなく、お茶関連の関係者、またその友人を紹介してくれました。しだいに私は本格的にお茶にのめり込むようになり、お茶の世界に導かれてゆくことになるのです。少しずつ知識が増すにつれ、中国の茶農家に直接買い付けに行く欲求が湧いてきました。良質な鉄観音を現地で、自分自身で吟味して手に入れたい。それが波瀾万丈の旅になることは、このときはまだ知りませんでした。

お茶の修業時代に夢中で読んだ中国語の文献。これらはほんの一部。右は図解版の『茶経』で、非常にわかりやすく解説している。

いざ、中国茶農家へ

ときは2005年。インターネットで得られる中国茶農家の情報は、まだかなり限られていましたが、良さそうな茶農家を福建省に見つけ、初めて買い付けの旅を試みる決心をしました。今まで飲んできたお茶の産地に行けるという期待感でワクワクしながら準備を整え、意気揚々と出発したのでした。

目指すは福建省の福州。2100年の歴史がある省都で、福建省の東南に位置します。貿易の拠点として唐王朝（618~907年）以来、福建省の政治・経済・文化都市として発展してきたところです。福建省は烏龍茶の名産地ですが、ジャスミン茶や白茶の産地としても知られています。

成田から福州まで直行便で約4時間。そこからバスとタクシーを乗り継ぎ、茶農家までゆうに4時間以上はかかります。覚悟してはいたものの、やはり中国は広すぎる！

バスで崖っぷちの砂利道を、落ちないだろうかと冷や冷やしながらガタゴトと揺られること3時間あまり。空腹と暑さに耐えながら、やっとのことで宿泊地に到着すると、旅館のお湯は出ない、エアコンも壊れている……。とんでもない田舎に来てしまった、という思いでした。

それでも翌日には気を取り直し、さらに山を上り目的地の茶農家へ無事到着。いかにも人の好さそうな満面の笑みのおばちゃんが、たくさんの茶葉の籠《かご》を両脇に抱え、数人を相手に話をしています。

さっそく鉄観音を試飲させてもらうと、色・香り・味ともに合格。日本から8時間以上かけ、やっとの思いで辿り着いた私は、迷わずキロ単位で購入しました。再び数時間かけて宿に戻り、仕入れた茶葉を、持参の茶器でさっそく淹れてみることにしたのですが……。

何かがおかしいのです。茶農家で選んだ茶葉に比べると色が優れず、鉄観音らしいきれいな球状に揃った茶葉より、お茶のくずのようなもののほうが目立ちます。それでもお湯を注いで飲んでみたのですが、明らかに山の上で飲んだお茶とは別物……。目の前が暗くなる思いでした。

傷心の私は、それでも翌日福州の茶畑から移動し、お茶の店を探すべく、街中を散策していました。すると、ある店の軒先で店番をしていた60歳前後の男性が声をかけてきました。

「你吃饭了吗？（ニーチーファンラマ）」

中国では日常的に使われる挨拶の言葉で、「ご飯は食べましたか？」の意味ですが、私はお腹が空いてくたびれていたこともあり、とっさに、「还没吃（ハイメイチー）(食べてません)」と答えていました。

そこは飲食店でもなんでもなく、農機具を扱うお店だったのですが、おじさんは、

「それなら食べていきなさい」

と家の中に招き入れ、家庭料理をご馳走してくれました。昔の中国ではそんなに珍しいことではありませんでしたが、その人に声をかけてもらえなかったら、私の茶農家への旅は失意のまま終わっていたかもしれません。

食べながら、昨日行った山奥の茶農家の話をすると、とんでもないことがわかりました。

「GUDDI」を開いて数年経った頃、蘇州で。上質なお茶のセレクトショップというポリシーが顧客に受け入れられて、手応えを感じはじめた。

「現地の人は、そういうのは〝ゴミ茶〟と呼んで絶対に買わないよ」

「でも、ちゃんと試飲したんですが」

「本当はあってはならないことだけど、試飲で出す茶葉と、袋で売っているのはすり替えられているんだよ！」

　絶句している私を気の毒に思ったのか、おじさんは誠実に経営しているお店を色々教えてくれました。そして、まったくのボランティアで2日間、私の買い付けを手伝ってくれたのです。

　ある茶商で飲ませてもらった鉄観音は、最初の茶農家で飲んだお茶とは、茶葉の形から色・香り・味までレベルがすべて異なっていました。

　大きな失敗の後の素晴らしい出会い。人生、何が起こるかわかりません。そのおじさんとの出会いは、私の中国茶人生を大きく前進させてくれました。


　私がつまずきながらも独自にお茶リサーチを続けている間、兄のお茶関係の人脈はさらに広がり、中でも、紹介してもらった茶農家の范雲霞《ファン・ユンシャ》さんとは、今でも続く大切な友人となりました。范さんはオーガニック農法を用いた茶畑を運営し、中国茶の製造者協会である徽商経済文化促進会の理事を務めています。その年に採れたお茶の中で、ずばぬけて出来の良い銘柄のお茶があると、いつも連絡してくれます。中国茶の生産情報や動向も教えてくれる有難い存在です。

　范さんや周囲の方々のおかげで、今では8時間かけて山の中の茶農家を訪ねることはありません。でもあの苦労と失敗した経験があったからこそ、正直にお茶を作って

范さん(右)らとともに大連のお茶専門店にて。人との出会いが、美味しいお茶との出合いにも重なっている。

いる農家の志に対して敬意を抱き、良いお茶を世に広めたいと思うきっかけになりました。そして中国茶への愛情がより深くなりました。一杯のお茶には、広大な中国の自然や歴史、人の知恵と工夫が込められています。

さあ、ページをめくってご一緒に美味しい中国茶への旅に出かけましょう！

山中湖の別荘にて。

第2章

私のベスト10中国銘茶

私がこれまでに飲んだ中国茶は、２００種類をゆうに超えます。
それでも、１０００種類以上あると言われる中国茶を
すべて試すのは難しいかもしれません。
長い大陸の歴史の中で時代の流れとともに消えてしまったお茶、
新しく生まれたお茶など、
お茶も時代とともに衰退・発展を経て生き続けています。

限りある体験の中ですが、私の中でもっとも印象深く、
お気に入りの「ベスト10中国銘茶」をご紹介したいと思います。
お茶の世界に導かれるきっかけとなった岩茶の「大紅袍（ダイコウホウ）」、
ヨーロッパでも不動の人気を誇る紅茶の「特選正山小種（ラプサンスーチョン）」、
これまでの固定観念を覆された〝本物〟の「特選茉莉花茶（ジャスミンチャ）」など、
私が味わった感動をお伝えしたいと思います。
単独で味わってもいいですし、
お料理とぜひ合わせてほしいお茶も紹介します。
仕事の合間や、とっておきの時間を過ごすときも、
お茶は常に大切な〝親友〟です。
皆さんも素敵な〝親友〟に出会えますように。

岩山に根を張る伝説の岩茶

1

大紅袍

［ダイコウホウ］

【名前の由来】

これには諸説あり、ひとつは大紅袍の春の芽が紫紅色で、遠くから見ると紅の衣のように見えることから命名された説があります。

2つめは、ある青年が科挙の試験を受けに行く途中で体調不良となり、武夷山天心寺の僧侶がこのお茶を青年に飲ませたところ体調がたちまち回復し、試験を無事受けることができた。そして見事合格し、のちに状元（科挙試験のトップ）になり皇帝の婿まで昇りつめた。

自分を救ってくれた茶木に感謝の意を込め、自身が纏《まと》っていた紅い衣をかけたというエピソードが残っています。古くは皇帝だけに飲むことが許されたと言われる特別なお茶です。

【味の特徴・香り】

心身ともに爽快感が広がります。紅茶ほど濃くなく、緑茶ほど淡白でもなく、その間にある絶妙なバランスの味わいが特徴です。

一煎目は、癒されるようなほのかな甘みが広がり、二煎目は香りが引き立ち、岩茶が本来持つ力強い味覚と香りを、はっきりと感じることができます。

福建省北部武夷山の岩山に根を張り、ミネラルを豊富に含む茶木から採れる岩

中国語読み：Da hong pao

中国語表記：大紅袍

黄色地に蔓草が描かれた伝統模様の蓋碗。蔓草は永遠の命、繁栄を意味する。中国王朝では、
黄色は王室だけに許された色であったことから、高貴な色の象徴となった。
岩茶は、「烏龍茶の王様」と形容されるので、黄色の器との組み合わせはふさわしい。

「岩韻」（岩韵）は、岩茶だけが持つ風味で、ほかの種類の青茶（烏龍茶）の香気とは異なるもの。
その重厚さに惹かれる男性のお客さまも多い。

茶の甘い残香は、「岩韻」（がんいん）と表現され、特有の深い味わいがあります。

この「韻」は、青茶（烏龍茶）が持つ独特の「戻り香」や「残り香」を指しますが、もともとは音の響きを表す言葉です。

本来の意味である〝音の残響のようにいつまでも残る印象〟を、「いつまでも残る爽快感と奥深い味わい」と、芳醇な味覚に例える言い回しは妙を得た表現と言えるでしょう。

【お気に入りの愉しみ方】

仕事の合間によく飲みますが、料理とも相性が良く、チャイニーズ・イタリアン・フランス料理にも良く合うお茶です。チーズや肉料理にもおすすめですが、特に羊肉との相性は抜群です。ワイングラスに注いで飲むと、香りも引き立ち食卓も華やかになります。

岩茶の香りはブランデーを彷彿《ほうふつ》とさせるとも言われており、お酒の代用としても好まれているようです。

上質な白ワインを思わせるエレガントな岩茶

2

酔貴妃

［スイキヒ］

【名前の由来】

咲き乱れる花の中に長時間身を置いていると、ときおりその香りに酔ったかのような感覚に見舞われることがあります。この「酔貴妃」の名は、まさに〝お茶の香りに酔うような感覚〟に由来し、古くから愛されてきました。また、ある皇帝の貴妃が、このお茶の上品な香りに酔ったという逸話も残っているようです。

【味の特徴・香り】

原産地は、福建省武夷山。岩茶の一種です。同じく岩茶の大紅袍と比べると、柔らかさがあり、いくら飲んでも胃が重くならない軽やかな爽快感が特徴です。また、ご馳走やお酒の前後に飲むことで不調を遠ざけてくれるともいわれています。

大紅袍が男性的なお茶、また重厚な赤ワインと例えられるなら、酔貴妃は花のような芳香を持ち、あたかも上質な白ワインのような、女性的な味わいを備えています。

【お気に入りの愉しみ方】

寛ぎたいときにおすすめのお茶です。ケーキやデザートとの相性も良いです。大紅袍と同様に、どんな料理にも合いますが、香り・味覚とも軽めなので、濃厚

中国語読み：Zui gui fei

中国語表記：酔貴妃

酔貴妃の爽やかな香りに合わせて、青色の台座付きの蓋碗を。宝相華(ほうそうげ)と呼ばれる吉祥模様のひとつ。吉祥円満の意味を持ち、隋や唐の時代に流行した柄。

美肌にも良いとされ、身分の高い女性に愛でられたお茶。

な味のものよりも、魚介や和食に良く合います。私はお刺身と合わせるのも好きです。

味わいが軽やかなので、冷やしても美味しいお茶です。その際、水出しでは特有の香りが出にくくもったいないので、熱湯で淹れ常温で冷ました後、冷蔵する方が、岩茶らしさを味わえます。また、お湯を茶葉に注いで1分程度置いた後、氷を入れたワイングラスに直接注いで飲むのも気分が上がって良いでしょう。パーティなどで華やかな雰囲気を演出するのにもふさわしいお茶です。

茶師の技が光る少し上級者向けのレアなお茶

3

炭焙煎黒茶

［スミバイセンクロチャ］

【名前の由来】

このお茶は、福建省産の高山烏龍茶を、手間もコストもかかる木の炭でゆっくりと焙煎《ばいせん》し製茶した、ユニークなお茶です。特に龍眼木やライチの木など果樹の木炭は、煙が控えめで香りも一番良いとされます。烏龍茶は一般にスモーキーというよりもフルーティな香りがあるものの方が珍重されます（茶葉の黒っぽいイメージで「黒茶」と呼んでいますが、実際には青茶＝半発酵茶のグループです）。このデリケートな製茶工程は、代々受け継がれた焙煎職人の手作業で行われ、職人の腕一つで炭焙煎黒茶の出来が左右されます。

製造法を茶名にしたシンプルなネーミングですが、素朴ながらも丁寧に仕上げられた、焙煎工程を彷彿とさせる名前です。高山茶の「高山」とは、通常標高1000メートル以上の地域に生育する茶木を指します。台湾および福建省両方の、標高1000メートル以上の地域で採れたものは、どちらも高山茶と呼ばれます。

【味の特徴・香り】

お湯を注いだときに広がる香りはまるで上質なコーヒーを思わせる芳醇さで、爽やかさとエレガントさを兼ね備えています。初めてこのお茶に出合ったとき、

中国語読み：Tan pei gao shan wu long cha

中国語表記：炭焙高山烏龍茶

茶杯は、有田・李荘窯で作られたもの。表面には銀箔を貼っており、炭焙煎黒茶の水色
（すいしょく＝お茶の色）とのコントラストが映えることから選んでみた。
茶托は銅でできた日本製のもの。中国茶と和の器の組み合わせも楽しい。

「中国茶の世界遺産」とも呼ばれ貴重なお茶。
爽やかな甘い焙煎香は、ほかではなかなかお目にかかれないもの。

「こんなお茶があるの！」と、衝撃的な感銘を受けたことを覚えています。

焙煎香が強い印象とはうらはらに、味わいは優しく繊細な甘みがあります。香りに浸りながら、カフェタイムのようなまったりとした時間を楽しむときにも適しています。とりわけ、長期間寝かせた5年ものは「中国茶の世界遺産」とも呼ばれています。高山茶そのものを5年寝かす作り方と、焙煎後に5年寝かす両方の作り方があります。


【お気に入りの愉しみ方】

肉料理や煮込み料理にも良く合いますが、生ハムとの相性も良いので一度試していただきたいですね。

この印象的で豊かな焙煎香を、忙しい生活の中のひと区切りとか句読点とする使い方もいいのではないかと思います。

果実の香りと甘み、それを追いかける心地よい渋みが絶妙

4

古樹生普洱茶

［コジュナマプーアルチャ］

【名前の由来】

「古樹」の定義は樹齢100年以上、高さ10メートル以上の茶木を指しますが、その中でもこの「古樹生普洱茶」は、樹齢500年以上の茶木から採取された茶葉が用いられます。

それを、伝統的な手法で自然発酵させたものが「古樹生普洱茶」となります。

こちらは、円盤型やレンガ型に圧《お》し固めた緊圧茶ではなく、もともと散茶（バラバラのお茶）として作られているのもユニークな特徴です。昔、プーアル茶は馬の胴の両側に均等な重さの荷を下げて運搬したので、ぎゅーっと固めて体積を小さくし、一定の重さに揃っている緊圧茶は流通の上でも合理的でした。基本的に大きな葉を用いるプーアル茶は、散茶だと大変かさばるので全体として散茶は少数派です。樹齢500年というと「そんなに古い茶木があるの？」と疑問が湧きますが、普洱茶発祥の地でもある雲南省タイ国境付近の西双版納（シーサンパンナ）地区は、約1700年もの間、少数民族が一切近代化の影響を受けずに茶の生産に携わってきました。山間部の辺境に生育する茶木は、自然のままの古樹ばかり。ちなみにこの地での茶の生産のきっかけは、諸葛孔明が軍を進めた時、茶木を植えたことが始まりとされます。

中国語読み：Gu shu she pu-er cha

中国語表記：古樹生普洱茶

古伊万里の色絵の器で。古伊万里は江戸後期から輸出品として世界的人気を博した陶磁器。絵柄は日本的でありながらも中国的なアイコンも含んでいる。和洋中問わず合わせることができるインターナショナルな食器。

「これがプーアル茶？」と驚くような、ドライフルーツのような甘みと
透明感のある風味が特徴。

【味の特徴・香り】

一般的な生プーアル茶、特に熟成があまり進んでいない10年未満のものは、緑茶に近いはっきりとした渋みと苦みがありますが、この「古樹生普洱茶」は柔らかい甘みの中にも、ほのかな渋みと苦みが心地よく、フルーティな香りがほのかに漂います。お茶の色は透明感のあるスパークリングワインのような黄金色なので、透明なグラスに注いでも綺麗です。

【お気に入りの愉しみ方】

香りを楽しむために単独でいただくことが多いですが、味があっさりしていますので、お料理と合わせるならば、割烹料理やお鮨などはぴったりではないかと思います。

小さな新芽だけで作った希少性のあるプーアル茶

5

新芽香茶

［シンメコウチャ］

【名前の由来】

その名の通り、春一番の新芽のみを手摘みして作られたお茶で、茶葉は一切用いていません。立春の前に摘まれることから「迎春茶」（春を迎えるお茶）としても知られています。自然発酵させる製法を用いているので、生プーアル茶の一種に分類されます。プーアル茶は大きな葉で作ることが多いので、かなり珍しいお茶と言えるでしょう。雲南省は緯度と標高によって、温帯性気候、亜熱帯性気候、熱帯性気候など、さまざまな気候があり、この気候の多彩さが、ワインのテロワールのように、お茶の銘柄の多様性にも影響していることも考えられます。

【味の特徴・香り】

ライチやマスカットのような強いフルーティな甘みがあり、春の息吹を感じさせるような爽やかな香りが特徴です。お茶の世界には「一芯二葉（いっしんによう）」という言葉があります。芯とは、まだ葉が開いていない芽のこと。二葉は、そのすぐ下の柔らかな若葉を指します。上等なお茶の茶摘みは、甘みと栄養分が豊富でえぐみが少ないその部分のみを収穫しますが、こちらはさらに貴重な芽だけを集めたお茶ですから、とびきり甘露な味わいにも納得です。水色（すいしょく＝

中国語読み：Ye sheng pu-er xin ya cha

中国語表記：野生普洱新芽茶

新芽香茶の香りは早春の若々しさ、初々しさを想起させる。お茶のイメージに
合わせて、景徳鎮《けいとくちん》製の琺瑯彩《ほうろうさい》という手法で全体に花と蝶が描かれている
色鮮やかなものを選んでみた。

生茶でしかも新芽だけ、というとても貴重なお茶。摘みたての香りを楽しむために熟成はさせていないが、長期保存も可能。

お茶を淹れたときの色合い）は淡いゴールド。驚くことに20煎以上淹れても、味覚と香りが持続します。

【お気に入りの愉しみ方】

香りを楽しみながら、お茶単独で飲むことが多いです。香りに特徴があるものは、せっかくですのでまずはお茶だけで味わってみていただきたいです。新芽の形が可愛らしいので、ガラスの蓋碗で淹れても目を楽しませてくれます。仕事の合間や終わりに飲むとリフレッシュすることができます。シャンパングラスに注いでも素敵です。

「中国の紅茶」を知らない人をも魅了する繊細な味わい

6

特選正山小種

［ラプサンスーチョン］

【名前の由来】

かつて、「紅茶」という名称はなく、輸出産地が武夷山であったことからヨーロッパの中国茶はすべて「武夷茶」と呼ばれていましたが、ほかのお茶と区別するために「正山小種」と名付けられました。「小種」は〝小さい茶葉〟の意から来ています。

現代では、武夷山の星村郷にある桐木関一帯で栽培されたもののみを「正山」と称し、桐木関以外のお茶は「外山」とされます。ちなみに「ラプサンスーチョン」とは福建語が由来となっています。

【味の特徴・香り】

武夷山産の有機紅茶の中でも、上質な正山小種は「紅茶の王様」と呼ばれ、じつに繊細な美味しさです。低温で長時間焙《あぶ》る伝統的手法により、桃やマンゴーのようなフレーバーと、蜂蜜や龍眼（ライチに似た中国南方産のフルーツ。その木を焙煎に使用する）のほのかな香りが持続します。イギリスの紅茶でポピュラーな、松の木の香りをつけたラプサンスーチョンとは、別の製法(中国古来の製法)となります。

紅茶は一般的にデザートやお菓子と楽しむことが多いと思いますが、正山小種

中国語読み：Zheng shan xiao zhong

中国語表記：正山小種

吉祥柄である蝙蝠《こうもり》とざくろが描かれた清代風のクラシカルな茶杯。この時代、黄色は金や
財宝＝金運隆盛を意味する色として、食器や茶器の形で庶民の間にも
広く用いられるようになった。

古来の製法では、撚《よ》りの強い茶葉をカットせずにホールで用いる。ミルク等を加えずとも
そのままで充分まろやか。

はそれだけで完結した味わいがあります。
私の店でもリピートが大変多いお茶で、独特の燻香《くんこう》はヨーロッパでも人気です。
一度ぜひ本物の正山小種に出合っていただきたいと思います。

【お気に入りの愉しみ方】

風味に特徴があるので、単独で味わった方がこの紅茶の良さが引き立つと思います。午後、お仕事中にリフレッシュしたいときにも向いています。独特な甘みがあるので、お菓子がほしいときの代わりに飲むこともあります。

7

雲南金針

［ウンナンキンシン］

芽だけを摘み取った特別な紅茶は甘露な水のような味わい

【名前の由来】

焙煎されて黄金色になった茶芽が細くピンと伸びた針のような形状をしていることに由来しています。大葉種の一芯（芽）のみを集めて作られるこの紅茶は、生産量に限りがあります。茶芽の比率は茶葉500gあたり1g程度しか採れないことから、その希少価値に納得ができます。きれいに揃った琥珀《こはく》のような色の茶葉は「金毫」、英語で言う〝Golden tip〟（ゴールデンチップ）を多く含みます。

【味の特徴・香り】

雲南紅茶のもう一つの頂点と呼びたい味わいです。乾いた茶葉は香ばしいナッツのような心地よい香りがします。正山小種と比べると、より深い自然な甘みがあり、まるで水そのものが甘く変化したかのような柔らかさ、まろやかさが最大の魅力です。それなりに高めの温度で淹れても、渋みはほとんど感じません。ふくよかな甘みで空腹感を軽減させることもできるので、ダイエット中の方にもおすすめです。

こちらも、中国紅茶とあまりなじみがなく、その魅力と出合っていない方にこそお試しいただきたい、忘れがたいお茶です。

中国語読み：Yun nan jin zhen

中国語表記：雲南金針

水色をより楽しめるように、蛍手(ほたるで)という技法で作られた蓋碗。蛍手は明代にはじまったテクニックで、透かし彫りを施したところに透明な釉薬を充填した技法。

甘く香ばしい茶葉の香りも特徴、淹れる前からアロマ効果が。
非常に煎がたくさん取れるのも特徴。

【お気に入りの愉しみ方】

特有の甘みが料理に勝ってしまう場合があるので、食事に合わせるより単独で味わった方がこの紅茶の良さをより深く味わえると思います。初めて飲む誰かに淹れてあげるなら、美しい茶葉を先にお見せすると、お話がはずむのではないでしょうか。もちろん、洋風のティーカップに淹れてアフタヌーンティーを楽しむこともおすすめです。

本物のジャスミン・ティー、その香りは未体験の透明感

8

特選茉莉花茶

［ジャスミンチャ］

【名前の由来】

中国では宋時代に高貴な人々が暮らす場所でジャスミンの栽培が始まり、香水・煙草に用いられていたそうです。まず、春に白毫《はくごう》緑茶という福建省のお茶を摘み、夏に摘みたてのジャスミンの蕾が開くベストなタイミングを夜通し見計らいながら、蕾が開花した直後にすぐさま白毫緑茶と合わせて、茶葉に花の香りを吸着させる工程「窨（いん）」を経て製茶されます。「窨」の回数が多ければ多いほど高級とされます。

まさに、茶農家の方々の不眠不休の努力により、ナチュラルで素晴らしい品質のジャスミン茶が生まれるのです。分類としては花茶になりますが、緑茶に香りをつけたタイプのほか、ジャスミンの花だけを用いるノンカフェインタイプもあります。

【味の特徴・香り】

上質なジャスミン茶には、新芽を含む緑茶特有の甘みと柔らかさが広がる爽快感があります。開花した直後の花を用いた最上級のジャスミン茶を淹れると、ジャスミン特有の甘く上品な香りが部屋いっぱいに広がります。それは幸せな時間……。まさに飲む香水であり、飲み物としてのみでなく、アロマテラピーのよう

中国語読み：Mo li hua cha

中国語表記：茉莉花茶

ジャスミン茶を楽しむには蓋碗や聞香杯を使うのがおすすめ。
蓋を開けたときに広がる花の香りは格別なもの。
こちらは景徳鎮らしい涼しげなブルー&ホワイトで「青花唐草纏蓮《てんれん》」が描かれている。

夏の夜明けに開花するジャスミンの花で、春に採れた緑茶を香り付けする。初秋からがジャスミン茶の新茶の季節となる。

な癒し効果も期待できるお茶です。

ジャスミン茶というと「そんな初心者向けのお茶……」という反応も少なくないのです。それは、残念ながらきちんと作られていないものも日本に出回っていたからです。緑茶に人工的な香り付けのスプレーをしただけ、とか、ベースのお茶が良くないなど。そのため興味を失った方も多いのですが、本物はまったく違うことを、お伝えしたいですね。

【お気に入りの愉しみ方】

香りに癒されるので、リラックスしたいときには最適です。お部屋もジャスミンのヴェールに包まれたような、とても優雅な香りに包まれるので、精神的に優れないときも気分転換になります。

中国の女神の名を持つ女性に嬉しいルビー色のお茶

9

特選洛神花茶

［ラクシンカチャ］

【名前の由来】

アオイ科フヨウ属のローゼル（食用ハイビスカス）の蕾を乾燥させたお茶。こちらは雲南産ですが、台湾、香港でも多く栽培されています。萼《がく》や苞《ほう》は砂糖漬けのお菓子として中国の女の子たちに人気のおやつでもあります。

三国時代の魏の文学者・曹植（そうしょく）による『洛神賦（らくしんふ）』という文学作品が名前の由来です。本書に登場する女神の〝洛神〟に由来しています。中国では美しい女神の代名詞になっているほど有名な作品です。

【味の特徴・香り】

強い酸味の中に爽快感とほのかな甘みがあり、フルーティな香りがクセになる味わいです。脂質異常症の改善や美肌効果もあることから、女性のファンがとても多いことでも知られます。夏の暑い時期に冷やして飲むのもおすすめです。

開花した後の花や、萼で作られるものもありますが、特に、花が開く前に収穫した蕾が上質とされます。

ビタミンC、ポリフェノール、鉄分など栄養成分がふんだんに含まれていますので、仕事の疲れを癒してくれて、美容にも効果があると言われます。

中国語読み：Luo shen hua cha

中国語表記：洛神花茶

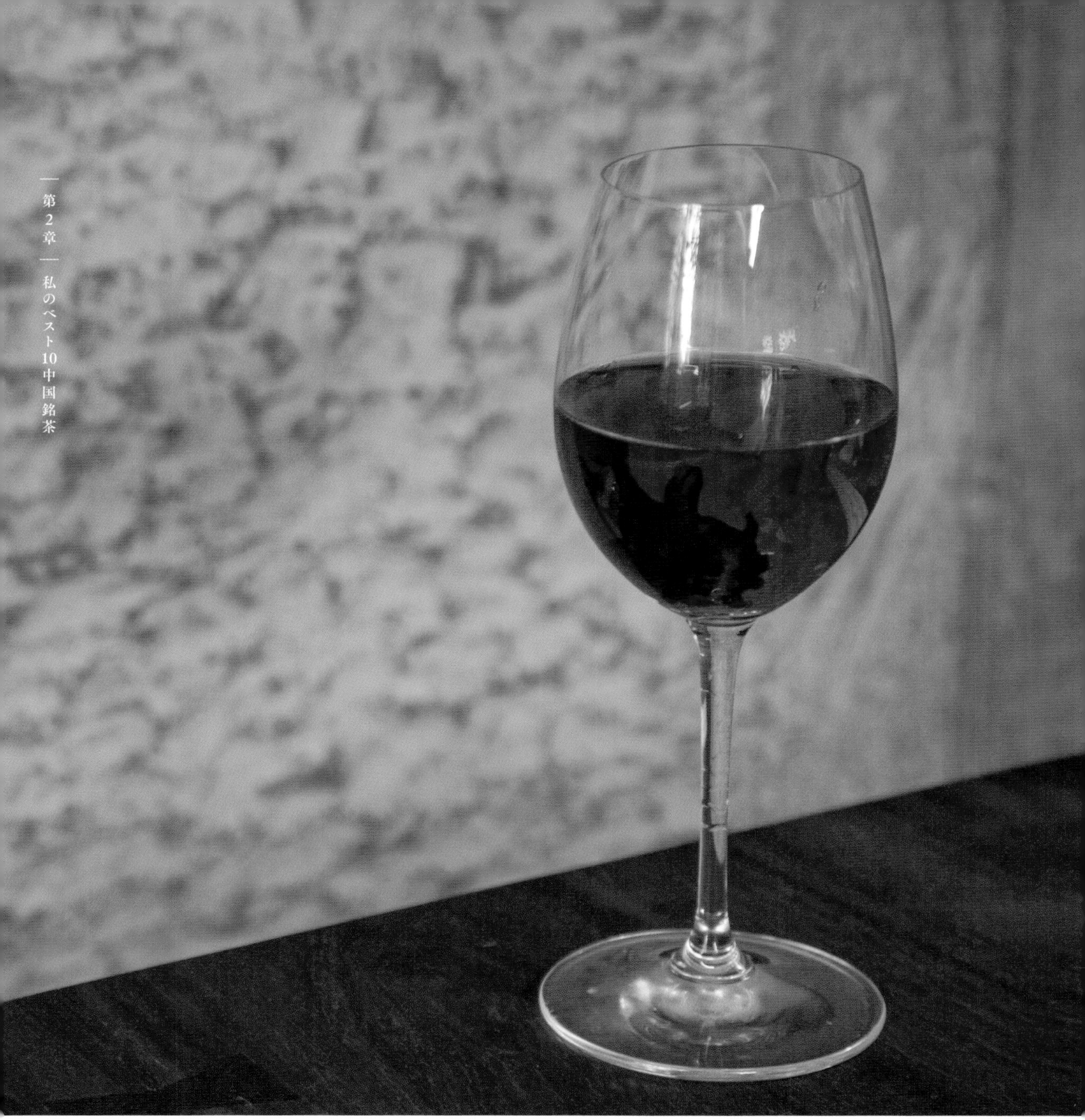

ワインレッドの水色が映えるので、ワイングラスやカクテルグラスに注いでも素敵。
フレンチやイタリアンのテーブルも華やかになりそう。アレンジを楽しめるお茶。

中国茶の世界では、茶の木から採れるお茶以外の、「茶外の茶」として長く愛でられてきた。
日本国内でも最近上質なものが少しずつ入手できるようになった。

【お気に入りの愉しみ方】

夏の暑い時期や、夏バテ気味のときに欠かせません。酸味が身体をすっきりとさせてくれます。カフェインレスなので、朝起きぬけでも、就寝前でもいただきやすいお茶の一つです。氷を入れると色もロゼワインのようになり、見た目も華やかになり癒されます。

また、バラの花をブレンドすると酸味がまろやかになるので、酸味の苦手な方でも飲みやすくなります。

キンモクセイの甘みと優しさにストレスが消えていく

10

特選桂花茶

［ケイカチャ］

【名前の由来】

キンモクセイは中国語で「桂花」と表記します。古代の中国人は、月がもっとも鮮やかな夜空を、月の世界で「桂花」が満開を迎えたからと考えていました。ロマンティックですね。

日本では「かぐや姫」の物語が有名ですが、中国にも月に住む仙女「嫦娥(じょうが)」が存在し、「桂花」のイメージと重ね愛されています。

【味の特徴・香り】

お湯を注ぐと、摘みたてのキンモクセイの香りが部屋いっぱいに広がり、ハッピーな気持ちになれます。天然の淡い甘み成分（リナロール）により爽快感を得られます。香料原料としても用いられるリナロールには、抗不安作用や鎮静効果があります。アロマテラピーにもなりますね。また、飲むことで残り香のように芳香を発することから、中国王朝の貴妃や女官たちに愛されていました。お茶の色は黄金色で、精神的にも癒され贅沢な気分が味わえます。もちろんノンカフェインですので、カフェインが苦手な方でも、また就寝前にも楽しむことができるお茶です。氷砂糖を入れるといっそう風味が引き立ち、デザートティーとしても楽しむことができます。

中国語読み：Gui hua cha

中国語表記：桂花茶

キンモクセイ特有の美しい黄金色を存分に楽しめるガラス製の碗に、唐三彩の緑を思わせる蓋と受け皿の組み合わせ。キンモクセイの花を少量浮かべると、一層華やかに。

桂花茶を選ぶときは、色合いの鮮やかな、花ができるだけ崩れていないものを。
色が褪《あ》せて見えるものは、香りも弱めの場合が多い。

【お気に入りの愉しみ方】

爽快感と香りに癒されるのでリラックスしたいときにぴったりです。ノンカフェインで胃に優しいお茶なので、就寝前に飲むことで、気分が落ち着きます。お好みでお手持ちの緑茶などとブレンドしてもいいでしょう。抽出したお茶を、お菓子作り、たとえば桂花茶のシロップ漬けなどを中華デザートのソースとしてよく用います。

第3章

美味しいお茶を淹れましょう

お茶の美味しさは何で決まるのでしょう？
茶葉の値段？ 種類？ それとも収穫の時期？
もちろん茶葉の品質は大切ですが、温度や淹れ方によって、
「おや？ お店で飲んだときほど美味しくない」と感じてしまうことがあります。
せっかくの茶葉の実力を引き出し切れないのは、もったいないことです。
正しい淹れ方を身につけることで、それほど高価な茶葉でなくとも、
そのお茶らしい最大限の風味を引き出すことはできるのです。
ここでは、どんな茶葉にも合う万能な蓋碗（がいわん）と、
中国伝統の紫砂壺（シサフゥ）を用いた2タイプのお茶の淹れ方をお見せします。

Part 1 ベーシックな2つの淹れ方

茶藝《ちゃげい》にはさまざまな流派もあり
華々しい技を覚えなければと思うと
中国茶へのハードルが上がってしまいます。
まずは、日常の中でご自身のためにお茶を美味しく淹れることを目指して
シンプルな2つの方法をお伝えしようと思います。

淹れ方1 蓋碗で

あらゆるお茶を
上手に淹れられる
初心者に
優しい茶器

蓋碗は、蓋付きの茶碗です。もちろん茶杯としても使うことができますが、中国茶の世界ではむしろ急須として大活躍します。大きさがほぼ一定で、ちょうど片手で扱いやすいサイズになっています。磁器で作られたものが多く、匂いなどがつきにくいので、一つ持っていれば色々な種類のお茶に使えます。耐熱ガラス製もあり、緑茶などを淹れるととても映えます。色柄もじつに豊富なので、お気に入りを一客、手に入れてみてはいかがでしょう。

1 茶盤、茶筒(茶葉の容器、手に持っているもの)、茶荷、蓋碗、茶海(公道杯)、茶杯を準備する。家庭でも、お湯をこぼせる茶盤と電気ポットがあると格段に快適になる。

2 茶筒から茶葉を茶荷に移す。これはお客さまに茶葉を見てもらう目的もある。

3

ポットから蓋碗、茶海にお湯を入れ、さらに茶杯に移し温める。

4

茶荷から蓋碗へ茶葉を移す。

5

蓋碗にお湯を注ぐ。

6

蓋碗を急須として使うために蓋をして、親指と中指で左右を支え、人差し指を蓋のくぼみに添えて安定させる。注ぐ側にほんの少し隙間をあけるのがポイント。

7

一煎目はあまり時間を置かずすぐ蓋碗から茶海にお茶を注ぐ。また、毎回最後の一滴まで注ぎ切るのが風味の変化とともに何煎も楽しむコツ。

8

茶杯のお湯を茶神にかけて茶盤に捨てる。茶神は福を呼ぶマスコット。詳しくは74ページで。

9

茶海から温めた茶杯にお茶を注ぐ。

10

淹れ方 2

紫砂壺で

お湯を茶壺にかけたり
いかにも中国茶らしい
動作も楽しい

紫砂壺《シサフゥ》は宜興《ぎこう》特産の陶土「紫砂」で作られる高級茶壺で、烏龍茶やプーアル茶に適しています。多孔質で香りを吸収する性質があるため、長く愛用すると茶壺そのものがお茶の風味を持つと言われます。半面、異なる種類の茶葉に用いると香りが混ざってしまいます。烏龍茶専用、あるいは岩茶専用にするなど、お茶の種類ごとに決めておくのが良いとされています。

1 茶盤(竹製のもの)と茶盂(ちゃう=手前の壺形のもの。なくてもよい)、茶荷、紫砂壺、茶海を準備する。ここでは茶杯と対の聞香杯(香りを楽しむための細長い専用の茶器。流派によりさまざまな作法がある)も用意。

2

茶筒から茶葉を茶荷に移す。ここで使用する大紅袍は茶葉が大きめなので、匙の形の茶則ではなく、より使いやすい茶挟で。69ページを参照。

3

紫砂壺に熱湯を注ぎ温める。ちなみに、大紅袍、鳳凰単叢など大きめの茶葉を使うときは広口の紫砂壺が扱いやすい。

4

紫砂壺のお湯を茶海に、茶海のお湯を聞香杯と茶杯に、と順番に移して温める。

5

茶海のお湯を、茶盂に捨てる。竹製の茶盤だけでも事足りるが、茶盂は茶杯をゆすいだり、茶がらを捨てるなどプラスアルファの使い方ができる道具。

6

茶荷の茶葉を紫砂壺に入れる。

7

紫砂壺にお湯を注ぐ。お湯を溢れるぐらいギリギリまで入れる。出てくる泡は灰《あ》汁《く》。

8

紫砂壺の蓋を閉じ、上から円を描くようにお湯をかける。こうして茶壺のふちについた灰汁を流し、お茶を蒸らすのが目的。

9

茶海にお茶を注ぎ入れる。最後の一滴まで。

10

聞香杯と茶杯のお湯を茶盂に捨てる。

11

茶海から、まず聞香杯にお茶を注ぐ。

12

縦長の聞香杯に茶杯をかぶせる。

13

親指で茶杯の底を押さえ、両肘を張り胸の前で構える。

14

親指を胸の方に回転させ、聞香杯を上向きにする。

15

茶盤に置いて聞香杯を静かに持ち上げる。一気にはずすとお茶がこぼれやすいので、静かに空気を逃がしながら行うとスムーズ。

16

聞香杯に移った香りを嗅ぎ、楽しむ。

17

茶杯に移したお茶を楽しむ。二煎目からは、直接茶杯にサーブする。

美味しいお茶を飲むためのメモ

中国茶は大きく6つのカテゴリー
（緑茶・白茶・黄茶・青茶・紅茶・黒茶）に
分類されます。それ以外に茶外の茶とも
言われる花のお茶があります。
ここでは、そのグループによってそれぞれの
適切な湯の温度・茶葉の量・抽出時間や
ふさわしい茶器などを見ていきましょう。
最適なお茶の淹れ方を知れば、
お茶が持つ本来の旨味を
存分に楽しめるようになります。
茶葉の種類によって、
茶壺の選択、温度や茶葉の量なども
少しずつ変わってきます。
何煎ぐらいまで美味しさが持続するのかも
ご参考になさってください。

6大茶＋花茶の基本メモ

緑茶

・龍井茶
・黄山毛峰
・太平猴魁
・碧螺春《ピロチュン》など

湯の温度	緑茶は一般的に80℃が適温。沸騰したばかりのお湯（１００℃）は旨味と栄養分が損なわれるのでＮＧ
茶葉の量	茶葉：湯量＝１：50がもっともバランスが良い。例）普通サイズの蓋碗１５００㎖に対して茶葉３g
抽出時間	５秒
美味しく飲める回数	５〜６煎
茶器	茶葉の形や動きを楽しめる耐熱ガラス製の容器がおすすめ。または磁器の急須や蓋碗（がいわん）でも。

白茶

・白毫銀針
・白牡丹
・寿眉
・貢眉など

湯の温度	新茶（保存期間1年未満）：95℃ 老茶（保存期間3年以上）：１００℃
茶葉の量	茶葉：湯量＝１：50がもっともバランスが良い。例）普通サイズの蓋碗１５０㎖に対して茶葉３g
抽出時間	５秒
美味しく飲める回数	８〜10煎
茶器	磁器の茶壺、蓋碗、紫砂壺

黄茶

・君山銀針
・蒙頂黄芽
・霍山《カクザン》黄芽など

湯の温度	80℃　沸騰湯（100℃）は旨味と栄養分が損なわれるのでNG
茶葉の量	普通サイズの蓋碗の容量の1／3、茶葉が大きいものは1／2
抽出時間	5秒
美味しく飲める回数	5～6煎
茶器	磁器の茶壺または蓋碗。

青茶

・安渓《アンケイ》鉄観音
・武夷大紅袍
・凍頂烏龍
・鳳凰単叢《ホウオウタンソウ》など

湯の温度	95～100℃
茶葉の量	茶壺150㎖に対して7g
抽出時間	5秒
美味しく飲める回数	7～8煎
茶器	磁器の茶壺、蓋碗、紫砂壺いずれでも。 揉捻《じゅうねん》が強い青茶は、お湯を注ぐとかなり体積が増えるので、茶葉の入れすぎに注意。 鳳凰単叢用には、茶挟があると茶葉の取り回しがよい。

紅茶

・祁門《キームン》紅茶
・正山小種
・雲南紅茶
・英徳紅茶など

湯の温度	85℃
茶葉の量	普通サイズの蓋碗150㎖に対して3～5g
抽出時間	5秒
美味しく飲める回数	約8煎
茶器	蓋碗または磁器がおすすめ。

黒茶

・プーアル茶
・六堡茶《ロッポウチャ》
・安化黒茶《アンカコクチャ》
・茯茶《フウチャ》など

湯の温度	100℃
茶葉の量	150㎖に対して5g
抽出時間	5秒
美味しく飲める回数	一般的な黒茶、宮廷熟プーアル茶：約7煎 餅茶プーアル茶：約10煎
茶器	蓋碗、紫砂壺または磁器の急須。

花茶

・ジャスミン茶
・洛神花茶
・玫瑰《メイクイ》花茶
・工芸茶など

湯の温度	80℃
茶葉の量	150㎖に対して4g
抽出時間	緑茶ベースのジャスミン茶は5秒 洛神花茶、工芸茶などは色、形が出来上がったタイミングで
美味しく飲める回数	約7煎 花の色や形を楽しめる
茶器	耐熱ガラス製の急須や蓋碗がおすすめ。

Column 1

中国茶とスイーツ

私自身はお茶は単独で、または食事と楽しむことが多いのですが、中国茶と相性の良いスイーツは、お供として贅沢なひとときを演出してくれます。伝統的なサンザシやスイカ、ヒマワリの種といったお茶請けももちろん合いますが、ここでは私が気に入った日本の美味との組み合わせをご紹介します。色々なお茶とスイーツの相性を発見してみてはいかが？

「阿闍梨餅」×烏龍茶

和菓子をまずひと口。それからお茶を飲むと、深みのある味わいを楽しむことができます。烏龍茶は甘みを素早くリセットするので、餡《あん》入りの甘みが強いお饅頭や羊羹とも相性が良いです。特におすすめしたい組み合わせは、炭焙煎黒茶（28ページ）。焙煎香が、和菓子の甘みをより引き立たせます。あっさり餡ともっちり食感の皮で大人気の「阿闍梨餅《あじゃりもち》」と。

「Kanae Bar」×白茶

白茶は紅茶のような爽やかな風味があるので洋菓子とも相性が良いです。白い紅茶という別名を持つ「白牡丹」は繊細な味わいのスイーツにも良く合い、ぜひ試していただきたいお茶です。「Kanae Bar」はオーガニック、グルテンフリーで白砂糖を使わず、フレッシュな味わいが美味と評判のドライフルーツ＆ナッツバー。ひと口大にカットして。

果物のほのかな甘みと紅茶の渋みが調和し、すっきりとした味わいが増します。一般的にフルーツは身体を冷やすのに対し、紅茶は身体を温める効果があるので、冷えを緩和する働きがあります。シャインマスカットには、フルーツのような芳香を持つ「祁門紅茶（キーマン）」が相性抜群なので、ぜひご一緒に。

ぶどう×紅茶

Part 2 茶器と道具立ての愉しみ

最初の一歩は、手持ちの急須と
コーヒーカップでも構いません。
でも、中国茶が好きになれそう、
もう少し本格的に淹れたいと思えたら、
茶道具を少しずつ揃えてはいかがでしょう。
何よりもお茶が美味しくなりますし、
動作も無駄なく美しくなり、
気分もぐっと上がります。
ここでは茶道具の基本的な役割や、
茶壺の選び方や手入れ方法、
お茶タイムを豊かにする茶杯や
マスコットたちを見ていきましょう。

1. 茶杯　味と香りを最大限引き立てる小さめのサイズ。浅い深い、重い軽いなど実際に手に取った感触で選ぶと良い。2. 茶盤　竹製、陶器製などがある。手持ちの茶器を考えながらちょうど良いサイズ選びを。竹製は、まれに起こる水漏れもチェック。3. 茶海は、一煎ずつお茶を出し切るための必需品。均一の濃さで注ぐためにも不可欠。4. 蓋碗　オールマイティな急須として必須。5. 茶筒　こだわるなら、このように蓋が密閉できるタイプの磁器の茶筒がもっとも茶葉の香りを損ねない。6. 茶荷　一度、適量の茶葉をここに取り分けることで、入れすぎ、こぼすなどを避けスムーズに茶葉を茶壷に入れられる。

上級者好みのしつらえ

中国茶に慣れてきたら
少しアレンジした
道具を取り入れるのも、
楽しいものです。
昔の日本の茶人も、異国のもの、本来
茶道具でないものを趣深く取り入れて
いましたね。
私は燕三条の茶缶や金沢の銅の急須なども
使うことがあります。

茶道具（茶道六用）

実際に使って手になじむか確かめて

本格茶藝をするのでなければ必要がないとも言えますが、中国茶を淹れるのだという気構えを高めてくれます。茶匙や茶挟は、中でも登場頻度の高い便利な道具です。あまりお土産品のような安価なものだと、茶挟などは使いにくい場合もあるので、気を付けて。できれば試してから購入しましょう。

茶具立て

5つの茶道具を納める

茶漏

茶壺に茶葉を入れるときにこぼれないよう蓋口にセットするもの

茶匙

茶荷から茶壺や
蓋碗に茶葉を入れる
ときに用いる

茶針

茶壺の注ぎ口に
詰まった茶葉を
取り除くときに用いる

茶挟

単叢系など大きな
茶葉を挟んだり、
熱い茶杯をつかむとき
などに用いる

茶則

茶缶から茶葉を
取り出すときや
量を確認するときに
用いる

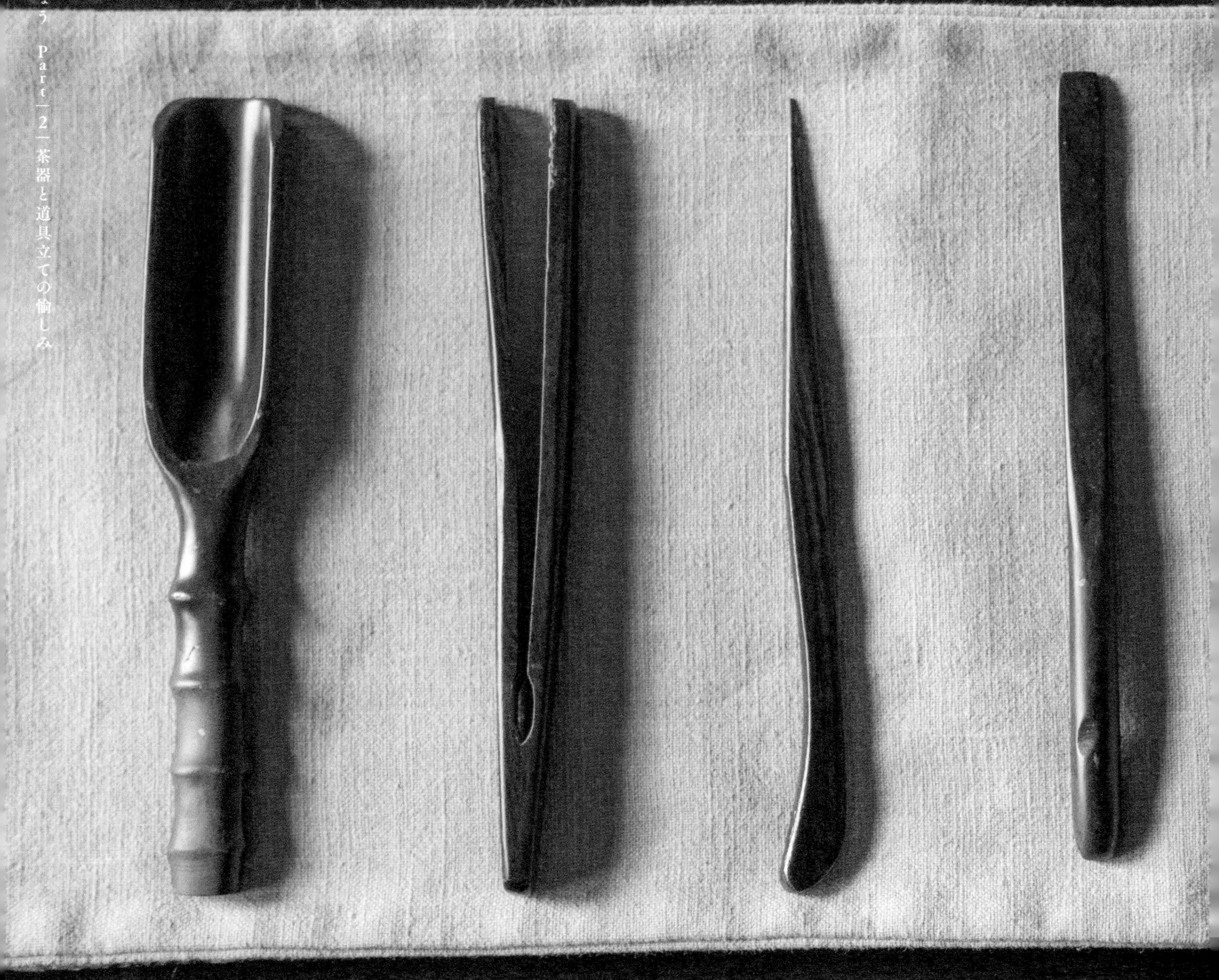

茶壺

磁器はオールマイティ、紫砂壺は育てて楽しむ

茶壺（チャフゥ＝中国茶用の急須）には磁器・ガラス・銅・錫《すず》などさまざまな材質のものがあります。とりわけ、中国・江蘇省宜興《こうそしょうぎこう》のみで生産される紫砂《しさ》を原料とした「紫砂壺《シサフゥ》」と呼ばれる茶壺は、職人の技術の限りを尽くした使えるアート作品として常に愛好家の熱い視線を集めています。また近年耐熱ガラス製も洒落たデザインのものが増え、ちょっとしたブームとなっています。

茶壺はどれも手にすっぽり入る小さなサイズが多いですが、その方がお茶の香りを凝縮してくれるからでしょう。別の理由として、「墨壺」に由来するという説があります。

中国古代の文人は、書を書くために常に墨を持ち歩き、携帯サイズの小さい墨壺を愛用していました。それで茶壺も墨壺のサイズになぞらえて作ったという説があります。

玉という翡翠の一種を使った茶壺。最近、こういった王朝風の華やかで可愛いものも再流行中。

紫砂

紫砂壺の、ほかとは違う面白さは、多孔質であるため香りや味の高い吸着性を持ち、使うほどにお茶が美味しくなるという「養《ヤン》壺《フゥ》」の愉しみがある点です。

【選ぶポイント】

1) 表面の肌理《きめ》が細やかで、不自然な艶はなく手触りに引っかかりがないもの。
2) 水切れが良く、持ったとき手になじむもの。
3) 蓋を取って茶壺を逆さに置き、注ぎ口・蓋口・取っ手の3点が平行で一直線になるものを選ぶ。
4) 茶壺の蓋をしたとき、本体との間に隙間がないものが良品。

極端に価格が安いものは、土から不快な臭いがして取れないなど、後悔する例もあるので、信頼できるお店で時間をかけて選びましょう。

【使い始め】

1) 茶壺に茶葉を多めに入れた後、お湯を溢れるくらいまで注ぐ。
2) 茶壺の上からもお湯をかけて10分ほどなじませ、お湯と茶葉を捨ててから使用する。
3) 使用後は、お湯を注いで捨ててから数日間自然乾燥させる。

【使用後の手入れ】

洗剤の使用はNG。また、香りを吸う性質のため茶葉の種類ごとに茶壺を使い分けることが理想。それによって特定の茶葉の香りが定着し、お茶の味が引き立つ。たとえば岩茶用、プーアル茶用、紅茶用、といったジャンル別の使い分けがおすすめ。正しく扱ってときどき柔らかな布で拭くことで、数年で茶壺特有の艶と味わいが出て、あなただけの茶壺が育っていきます。

ガラス

ガラスの茶壺は中国でも近年バリエーションが増えて、ビジュアル系のお茶に重宝されている。必ず耐熱のものを。

磁器

紫砂に次いでバリエーションが多い磁器の茶壺。香りが残りにくく、オールマイティなのは蓋碗と同様。

陶器

こちらは益子焼。和陶器も小ぶりのものなら中国茶に使える。多孔質で保温性が高いので、高温で淹れる青茶や黒茶と相性がいい。

銅

銅はお茶の味を本当に重んじたい場合は避けた方が無難だが、旅先に携えていく場合など、割れにくく軽いので便利。

茶杯

幸福のシンボルとともに
お茶をどうぞ

茶杯、または品茗杯（ひんめいはい）と呼ばれる小さなぐい呑みの形をした茶器です。

「なぜこんなに可愛らしいサイズなの？」とよく聞かれますが、それには諸説あります。

中国茶はもともと、主に高貴な人々や文人たちの間で愛飲されていましたが、当初はお茶碗のサイズで飲んでいました。それが次第に文人たちが野外で詩作や絵画を描くために、持ち運びしやすい小さいサイズになったと言われています。

それが後世になり、中国茶道の「客人に常に温かいお茶を飲んでいただく」という思想が加わり、現在のサイズの茶杯が定着しました。実際に比べていただければわかりますが、香りや味を感じやすいという点でも、大ぶりなカップと茶杯では、茶杯に軍配が上がります。

バラエティに富んだ茶杯は、中国茶の華です。動植物などのさまざまな柄がとても楽しく、ここに登場するキャラクターたちは「福をもたらす」と古代中国から親しまれてきました。

来客用としてだけでなく自分用にお気に入りを揃えたり、インテリアとして飾ったりしても食卓に彩りを添えてくれるでしょう。

中国でも青磁は変わらぬ人気。この急須は、取っ手にもお茶が通る面白い作りになっている。

蝙蝠《こうもり》

中国語で「蝙蝠（ビアンフウ）」と発音され、あまねく福があるという意味の「遍福」と同じ発音から、福をもたらすとされる。

龍

大自然のパワーを象徴するとともに、皇帝のシンボル。最強！

金魚

中国語で「金余（ジンユウ）」と同じ発音のため、富と財運の象徴とされる。

牡丹

中国では百花の王とされ、華やかさと絶対的な美の象徴。

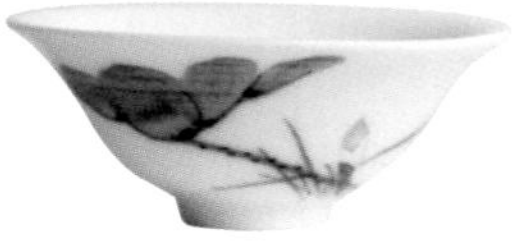

蓮

泥水の中から美しい花を咲かせることから、不屈の精神・清廉・高貴を意味する。青蓮は菩薩の眼に例えられる。

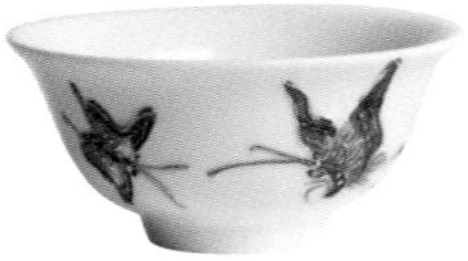

蝶

長寿とともに、幸福・愛情・美と喜びを表す。

唐草

蔓草の茎や葉が絡み合って途切れることなく、蔓を伸ばしていく生命力の強さから、繁栄・長寿の象徴とされる。

茶神

茶神は、福をもたらすマスコット

茶神、または茶寵（ちゃちょう）と呼ばれ、茶盆の上に置いて楽しむ観賞用として、福をもたらす愛らしいモチーフとして中国古代より親しまれ、コレクションしている人も多数。家の外に向けて財運のおまじないにすることもあるそう。茶神にお湯をかけるのは、日々の感謝の念を込めて一煎目のお茶を捧げる意味もあります。

それでは色々な茶神たちに登場してもらいましょう。

獅子

珠を抱く獅子たち。邪気をはらい、チャンスを逃がさず開運・強運を呼び込むシンボル。子孫繁栄の意味も。

ねずみ

多産なので豚と同様に子孫繁栄の象徴とされる。「老鼠運銭（ねずみはお金を運んできてくれる）」という言葉もある。

龍

水を司る神。永遠の繁栄・不老不死の象徴。かつての中国王朝では、龍のシンボルは皇帝だけに使用が認められていた。

蛙

三本足の蛙。「金運興隆（お金がかえる）」との吉祥語があり、蛙や魚などの水の生き物は家に金運を呼び込む生き物とされる。このため中国では自宅前に池や噴水を作ったり、開運行動として玄関に水槽を置いて観賞魚を飼う家も多く見られる。

豚

そのふくよかな外見から財運と子孫繁栄のシンボルとされ、中国では亥年＝豚年とされる。豚年生まれの子供は、豊かな人生が送れる信仰も。2007年の中国は、60年に一度の「黄金の豚年」に当たったため、この年の出生数が増加したというデータがあるそう。

お茶生活を後押ししてくれるグッズ

旅

スーツケースに
そのまま納めて

旅先での中国茶ロスよ、さようなら！　旅にそのまま持っていけるセットはいかが。緩衝材にすっぽり収まる茶器と、一人用のミニミニ茶盤入り。

デイリー

気を遣う湯温も
1℃単位で

60℃から100℃まで、1℃刻みで温度キープができるケトル（写真はYAMAZENのもの）。とても重宝しています。

仕事中

リモートワークが
楽しくなる

仕事中こそ美味しいお茶を飲みたいけれど、小さな茶杯はやっぱりせわしない……そんなとき、茶こし付きのマグカップはうれしい解決法。蓋を返したところに茶こしを置けるタイプは、濃くなりすぎずおすすめ。左のカップは白い部分が透かし彫りで光を通す作り。気分も上がります。

Column 2

僕と中国茶

お茶と一緒にいろんなものの「源」が身体に入ってくる気がする

日野皓正／ジャズ・トランペット奏者

中国に旅したときや、中国料理のレストランなんかで、中国茶を飲む機会はときどきあって、美味しいものだとは思っていました。

何年か前のある日、六本木のテレビ朝日通りを歩いていたら、僕がアメリカで使っているのと似通った雰囲気のぐい呑みのような小さな陶器（茶杯）がたくさん棚に飾られているお店があって、引き寄せられるみたいに入っちゃったんだよね。そしたら、お店のお嬢さんが面白い人で……。それが悠美子さんだったんだけど、緑茶、烏龍茶、色々な中国茶を淹れて飲ませてくれて、

「なんかすごくウマイなぁ」ってハマっちゃった。中でも気に入ったのは、ダイコウホウ（大紅袍）っていうの？　岩茶の仲間らしいね。ほかにも、龍井《ロンジン》とか文山包《ブンザンホウ》種《シュ》とか、好きなお茶が色々できました。

で、気づいたら旅行用の中国茶器セットをいくつも持ってるんだから、すごいでしょ？

アメリカと日本の両方に置いてあって、好きなときに飲めるようになっている。ステージの控え室でメンバーにお茶をふるまうこともあるし、滞在先のホテルでゆったりと飲むのも好きです。なんていうか、コーヒーとはまた違うスペシャルな気分になるんだよね。どんなスペシャルな気分か？　それはね……（と、トランペット

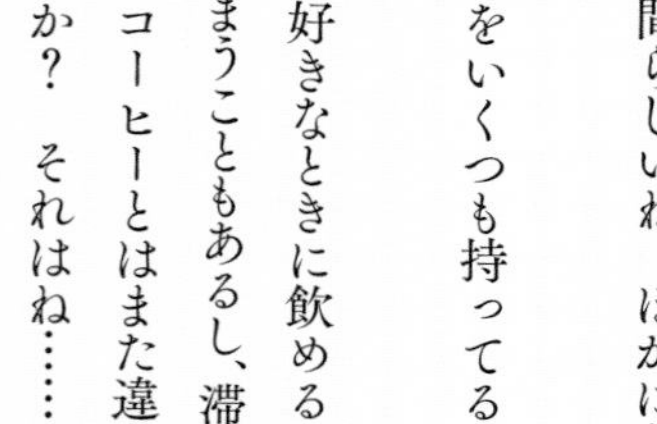

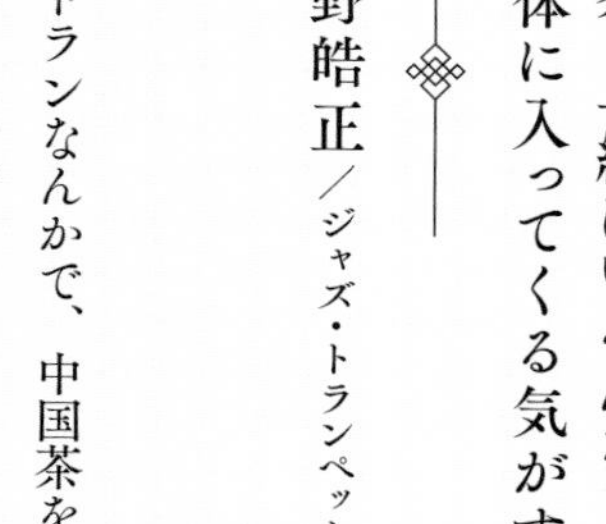

左／日野さんがいつも身近に携えているマイ中国茶セット。
右／取材後にスラスラと描いてくれたイラスト。トランペットから音楽がお茶のように沸き立っている！

インスピレーションで制作した、手のひらにのる小さな神像。

の即興演奏がはじまった！　言葉だけでは言い尽くせない場面では、トランペットの音色で語ってくれる日野さんなのでした）。

僕は45歳でお酒をすっぱりやめたんだけど、それは70歳を過ぎてもいい演奏をしたいと思ったから。お酒のために次の日の演奏に影響が出るようじゃプロじゃないしね。それもあって、お茶との付き合いがさらに密になりました（笑）。

中国はすごく歴史が深いでしょう。その歴史が、お茶という形で自分の身体の中に入ってくるのって、すごく嬉しい気がする。仏教をはじめとする色々な文化も大陸から来ているわけだけど、お茶を飲むとそういったものが難しくなく自然に感じられて、尊い気分になるというのかな。僕の遠い先祖は日蓮が流刑になったとき、ともに佐渡にまで渡ったという話を聞いています。ご先祖さまの祈りとか願いに思いを馳せたとき、僕が今生かされていることへの感謝を、何か形にしたくなって、こんなものまで作っちゃった（写真右）。

中国茶がインスピレーションをくれたのかわからないけど、お茶の神様と呼んでます（笑）。お寺に行って魂を入れてもらって毎日、朝に晩に拝んでいます。

つきつめると、トランペットとか音楽っていうのは、僕がやっているんじゃないんですよ。先祖とか神様の声を聞かないとできないんです。

「オレってすごいだろう！」というエゴイズムがある人は、すぐ終わっちゃう。そういうことじゃなくて、僕の身体の中に自然に音が入ってくるから、それをただ吹いているのね。その感覚は禅にも共通しているし、そういう精神性みたいなものを、たぶん中国茶の中にも感じているのかもしれないね。

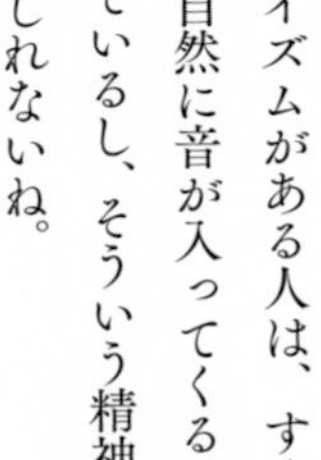

日野皓正 Hino Terumasa／ジャズ・トランペット奏者
東京都生まれ。9歳でトランペットをはじめ、1967年に初リーダーアルバムをリリース以来、常に世界のジャズ界から注目を浴びる世界的なトランペッターとして国内外で活躍。米国に拠点を置きつつも、1990年以降、アジアでの活動も精力的に行う。近年はチャリティ活動や絵画の分野でも活躍中。2004年、紫綬褒章受章。2019年、旭日小綬章受章。
［公式URL］http://www.terumasahino.com/#biography

おさえておくと、迷わない

中国茶の6大別

中国茶は大きく6種類に分類されます。
6大別は大定番の学びなので、
「またですか」という声も聞こえそうです。
でも、やはり中国茶を語るうえで省略できないお話です。
なぜならこの分類はお茶の製法、すなわち味わいと
深く関わっているからです。同じツバキ科のチャノキから、
こんなに味わいの異なるお茶ができるのはまさに驚異です。
お茶作りの用語は独特ですが、
ベーシックなものだけでも頭に入れておくと、
茶葉選びの場面で、理解がしやすいでしょう。

［白茶］	［緑茶］
1.1%	62%
微発酵	不発酵
→	低／香りが高い
白牡丹、白毫銀針 10%	龍井 5%
①摘採→②萎凋→③乾燥	①摘採→②殺青→③揉捻→④乾燥
	さらに製法は枝分かれしていく。①蒸青緑茶（蒸して殺青、乾燥）「蒸青茶」「恩施玉露」 ②炒青緑茶（釜で炒り発酵を止めて乾燥）「西湖龍井」 ③烘青緑茶（熱で焙る）「黄山毛峰」 ④晒青緑茶（釜で炒り上げた後、日光で乾燥）「滇青」「陝青」

お茶作りの用語

殺青（さっせい）	加熱。酵素による化学変化を止める。
萎凋（いちょう）	茶葉を萎《しお》らせカテキン、芳香物質生成を促す。日光の下なら晒青（しせい）、日陰で行うと晾青（りょうせい）。室内萎凋は做青（さくせい）。
揺青（ようせい）	茶葉の攪拌《かくはん》と静置を繰り返しカテキンの赤色化、芳香を高める。
揉捻（じゅうねん）	葉の形を整え、細胞を壊し成分の抽出を促す。
揉切（じゅうせつ）	赤色を出すために強圧で揉み、成分をより浸出させ、化学変化を促す。
悶黄（もんおう）	茶葉自身の熱と水分で蒸らし、色・香り・味わいを作る。黄茶ならではの製法。
焙煎（ばいせん）	釜で炒る。温度、時間、燃料により烏龍茶の個性が生まれる。手間のかかる低温長時間焙煎の代表格は、武夷岩茶や鳳凰単叢。
渥堆（あくたい）	茶葉を堆積、一定の温度湿度で人工的に微生物発酵を促す。

［水色］

［茶葉］

［葉底］

お茶の種別	［黒茶］	［紅茶］	［青茶］	［黄茶］
生産量割合	15%	12%	9%	0.9%
発酵による区別	後発酵	完全発酵	半発酵	軽後発酵
発酵度	**高**／濃厚な味 ←			
代表銘柄の酸化程度	プーアル茶、安化黒茶 95%	祁門紅茶、正山小種 80%	東方美人、鉄観音、武夷岩茶 30%	君山銀針 15%
製法	**熟茶** ①摘採→②殺青(釜炒り)→③揉捻→④渥堆→⑤乾燥 **生茶** ①摘採→②殺青→③揉捻→④乾燥	①摘採→②萎凋→③揉捻／揉切→④発酵→⑤乾燥	① 摘採→②萎凋(晒青、晾青)→③做青(揺青)→④殺青(炒青)→⑤揉捻→⑥乾燥	①摘採→②殺青→③揉捻→④悶黄→⑤乾燥
備考			さらに3つの発酵程度に分けられる。 ①**軽発酵** 台湾「文山包種」 ②**中発酵** 福建省安渓「鉄観音」、広東省潮州「鳳凰単叢」、台湾「凍頂烏龍」 ③**重発酵** 福建省武夷山「大紅袍」	

お茶の産地

中国は大変広く、お茶は生きものなので、
全土でどこでも同じようなお茶が
できているわけではなく、
地方によって特徴があります。
地方と銘茶の関係を大づかみに捉えましょう。

江南地区

江西省・湖南省・安徽省南部・
浙江省・江蘇省南部・湖北省

紅茶・緑茶・黄茶・青茶の生産地

［代表的なお茶］
龍井（獅峰）銀針（君山）
碧螺春（洞庭）

華南地区

広西・広東省・福建省・台湾・海南省

青茶の大生産地。白茶・紅茶・
緑茶・花茶も多く生産

［代表的なお茶］
鉄観音（安渓）大紅袍（武夷）
白茶 正山小種 凍頂烏龍（台湾）

江北地区

江蘇省北部・安徽省北部・
河南省・陝西省・山東省・甘粛省

緑茶の生産地

［代表的なお茶］
碧螺春（洞庭）工夫紅茶（祁門）

西南地区

雲南省・貴州省・四川省・重慶市

黒茶・緑茶・黄茶・紅茶の生産地

［代表的なお茶］
プーアル（雲南）金芽紅茶（雲南）

中国茶と健康美

身体を温めたい、ほてりを冷ましたい、安眠したい、だるさを取りたい……。美味しさとともに、身体を整えてくれるのも中国茶の魅力です。特徴を知って、健康と美に効果的な飲み方をマスターしましょう。

ほしい効果	選ぶお茶	効能
冷え性改善	黒茶、岩茶、紅茶	全発酵のお茶は、身体を温める。
便秘解消	白茶、黒茶	白茶には解毒作用があり、黒茶は酵素が胃腸を整える。
美肌	玫瑰花茶、白茶	ビタミンが多く含まれるので、肌に好影響がある。
肥満予防	白茶、黒茶、青茶、玫瑰花茶	ポリフェノール、カテキンを豊富に含むため。
疲労回復	岩茶（発酵度が高いもの）	温性の強いお茶は血行を改善し、疲れが和らぐ。
鎮静作用	玫瑰花茶	ビタミンA、C、B、E、Kが豊富。タンニンが内分泌を整える。
リラックス	花茶（玫瑰花茶、桂花茶、茉莉花茶）緑茶、白茶、青茶、紅茶	緑茶のカフェイン、白茶のアミノ酸、紅茶のカテキン、また花茶の香りにはリラックス効果がある。
二日酔い改善	岩茶、白茶、菊茶	肝臓の働きを改善する。

風邪を治す	岩茶、白茶	代謝を高める白茶、完全発酵で身体を温める岩茶で回復が早まる。
解熱作用	白茶、緑茶	利尿作用、身体の熱を取る働きがある。
喉の痛み緩和	白茶、緑茶、胖大海（薬膳茶）	白茶には解毒作用があり、緑茶のビタミンが回復を助ける。
口臭予防	緑茶、玫瑰花茶	タンニン、ビタミンには防臭効果がある。
頭痛緩和	玫瑰花茶、岩茶	身体を温める。芳香によるリラックス効果。
生理痛を楽に	玫瑰花茶、花茶（洛神花茶）	ビタミン、ミネラルの補給、血液循環を促す。
ノンカフェイン	花茶（玫瑰花茶、桂花茶、菊花茶など）、胖大海（薬膳茶）	カフェインレスで就寝前などにも安心して飲める。
生活習慣病の予防	黒茶、白茶	黒茶の没《もっ》食《しょく》子《し》酸《さん》が血管内の環境を改善する。
脂肪分解	黒茶	カフェインとポリフェノールの化合物が脂肪を分解すると言われる。
血圧を下げる	黒茶	血中の脂肪を減らし、中性脂肪を抑制する。
眼の疲れを取る	菊花茶	ビタミンAなどを含み、眼精疲労を和らげる。
むくみを取る	白茶、岩茶、黒茶（生プーアル）	カフェインには利尿作用がある。
胃腸を整える	プーアル茶（熟）、紅茶、発酵度が高い烏龍茶（岩茶）	カフェインが少なく、胃腸に優しい。

Part 3 茶葉の選び方と保存方法

選び方

茶葉を買うなら試飲がマスト、時間は余裕を持って

茶葉を買うことは、中国茶に親しむうえで大きな愉しみ、そして学びの場でもあります。

お店で茶葉を購入するときは、遠慮せず、必ず試飲をさせてもらいましょう。きちんとしたお店なら、たぶん先方から「よろしかったら飲んでみませんか？」などと声がかかることが多いと思います。

良い茶葉を買いたいとき、あまりに慌ただしいのはもったいないことです。試飲や質問などのために、最低でも1時間くらいあると何種類かのお茶を試すことができて、ご自身がほしいものがはっきりしてくるでしょう。色々話すうちに、そのお店の得意分野、自慢のお茶なども実感としてわかってきます。

良い茶葉は湯を注いだときに品の良い香りが漂い、お湯の中で美しい形を保っています。葉底（淹れた後の茶葉）を見せてもらうのも、お茶のもともとの姿がわかって興味深いと思います。

初回は少量がコツ

今は日本国内でも、店頭での小売りのほか、試飲会付きの販売会、ネット上の個人輸入アシスト店など、お茶の買い方も多様化しています。顔が見えないネット販売の場合は、一定金額以上送料無料などに惑わされて最初から大量買いをするのではなく、1種類につき20gなど少量ずつ購入してクオリティを見極め、良かったら買い足すことをおすすめしたいですね。

保存方法

黒茶、白茶以外は生鮮品だと思って

私は美味しいお茶ほど、賞味期限にかかわらずできるだけ早め早めにいただくようにしています。冷蔵・冷凍保存はしていません。緑茶や青茶の買いすぎはかえってもったいないことになりがちなので、店でもお客さまにはおすすめしません。

ただ、良い緑茶をたくさんいただいてしまったけれど、すぐに消費できない、などの〝非常事態〟なら、紙袋に入れたうえで二重に密封食品保存バッグに入れて周囲の匂いをシャットアウトしたうえで、清潔な冷蔵室に入れるのが次善の策かと思います。

緑茶・黄茶・青茶・紅茶の保存は、共通です

●密封性の高い金属製の缶（スチール、銅、錫など）や、陶器製の茶筒に入れて、涼しい常温の場所に置く。遮光タイプのプラスティックバッグも可。ただし長くは置かず、なるべく早く缶や茶筒に移すこと。

●湿気や温度の変動が高い場所や、化粧品、薬品がある場所、キッチンのコンロやシンクの周辺はお湯のパイプが通って温かいこともあるのでNG。

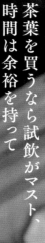

実践・茶葉の選び方

1

緑茶

ポイント	一本の茶の木でも、その部位によって品質が異なり、高い枝から採れる茶葉はより高価になり、木の根の方に近づくほど安価になります。高い山でしか採れないお茶も高級茶とされます。収穫の時期によっても品質が左右されますが、春の季節の20日間にしか摘まないお茶の代表格として、緑茶の龍井茶（ロンジン）が有名です。 ●その年に採れた新茶であることを確認しましょう（新茶：3月下旬～4月中旬に摘まれた茶葉）。 ●鮮度が落ちやすく、保存期間が短いため、多くても200gぐらいまでに留め、2つ以上のパッケージに小分けしてもらうなどが望ましいでしょう。
茶葉	●色は青々として、光沢と艶があるものを選ぶ。 ●サイズ、長さ、太さが均一であること。 ●最高級のものは「一芯一葉」、あるいは「一芯二葉」と言われ、若芽と若葉が一枚、あるいは二枚ずつ付いているものとされる。 ●芽頭の部分が小さく形が揃っているほど鮮度が良いが香りは弱い。 ●芽頭の部分が大きめで整っている茶葉は香りが高い。 ●芯と葉がバラバラになっているものはグレードが落ち、品質もそれなり。
香り	●新茶には、爽やかで淡い花の香りと栗の香りなど品種によりタイプが異なる。 ●良質な茶葉からは淡い新鮮な香りが漂う。
水色	●品質の高い緑茶は透明感のある緑色。
味わい	●ほのかな苦みの後に、淡い甘みと混じり気のないすっきりとした味わいが残る。
旬	●3月下旬から4月の中旬頃。清明節（4月5日）の前に収穫された新茶は限られた期間のみに採れることから「明前茶（めいぜんちゃ）」の名で〝金の如く貴い〞最高級のグレードとされ、人気が高い。 2番目のグレードは、梅雨の前に摘まれた「雨前茶」。梅雨の後は栄養分が急激に落ちるので、どの時期に摘まれた茶葉なのか、お店の人に聞いてみると良い。 きちんと答えてくれるお店なら安心。
賞味期限	約12ヶ月（賞味期限が書かれていない場合の目安）

実践・茶葉の選び方

2

白茶

ポイント

乾燥状態の香りも確認しましょう。良い茶葉は、お湯を注ぐと茶葉が回転するように躍り、見た目にも明るさ・活力・弾力性が感じられます。長期保存できるお茶です。ヴィンテージのものは、何年製か尋ねてみることをおすすめします。

茶葉

● 芽のみを使用したもの、または一芯三葉のものが貴重とされる。

香り

● 花香のような淡く甘い香り。
● 新白茶の場合はフレッシュな香りがする。

水色

● 透明度が高い薄黄色。

味わい

● 爽やかな花香があり、ほんのりと甘くて滑らかな口当たり。
● 熟成が進んだもの（老白茶）は重厚感がある。

旬

● 春に摘まれた茶葉が高級品とされる。

賞味期限

● 長期保存可能。
保存環境が良いことが前提であるが、15年以内が目安。

実践・茶葉の選び方

3

黄茶

ポイント　黄茶は、緑茶の製造工程の中で偶然に誕生しました。生産量が中国茶全体の約1%と少ないため、希少な種類のお茶です。日本でいちばん目にするのは、小さな島の茶園だけで作られる君山銀針。長期保存ができないので、3〜5月に摘まれた茶葉（春茶）を少なめに購入し、なるべく早く楽しむのがよいでしょう。

茶葉　●綺麗な黄色みと艶があるものを選ぶ。

香り　●フレッシュな花のような清らかな香り。

水色　●透き通った黄色。

味わい　●緑茶にはないコクがあり、優しい旨味がある。

旬　●5月上旬がひとつの飲み頃。

賞味期限　約12ヶ月（賞味期限が書かれていない場合の目安）

実践・茶葉の選び方

4

青茶

ポイント

青茶の代表格である烏龍茶は、日本でもっとも知名度が高い中国茶で、バリエーションも豊かです。葉を丸めたタイプ、細長い葉の形を残したタイプいずれも、葉の大きさが均一で艶があり、細かいくずが少ないものが良品です。

茶葉

- 清香タイプ（焙煎浅め）は艶があり濃い緑色のものを選ぶ。
  凍頂烏龍茶、安渓鉄観音など。
- 濃香タイプ（焙煎強め）は光沢のある茶色で乾燥している茶葉を選ぶ。
  岩茶、鳳凰単叢などは、艶がまったくなく、パサパサした感じのものは避ける。
  また、埃臭さがないことを確認。
  茶樹の下のほうの葉が使われている場合がある。

香り

- 鉄観音など、茶葉が緑色のタイプは、爽やかな香りがある。
- 岩茶など茶系の茶葉は、香ばしい香りがするもの。
  蘭の花のような香りがする「白芽奇蘭」（雪芽奇蘭）は、
  昨今人気が出ているお茶。

水色

- すっきりとした赤褐色、またはオレンジ色。

味わい

- 飲んだ後も旨味が残る。
- 鉄観音などの茶葉が緑色のものは、すっきりした味わいがある。
- 岩茶などの茶葉が黒いものは、ずっしりした味わいを持つ。

旬

- 春に摘まれた茶葉で作られた「安渓鉄観音」は味が良いとされ、
  秋に摘まれたものは香りが高いと言われる。
- ただし、「鉄観音」「凍頂烏龍茶」は、常温で保存すると発酵が進みやすい。

賞味期限

約18ヶ月（賞味期限が書かれていない場合の目安）

実践・茶葉の選び方

5

紅茶

ポイント

紅茶は、中国の福建省武夷山で生産されたのが起源です。紅茶の元祖として知られる「ラプサンスーチョン」は、ゴールデンチップと呼ばれる芽が最高級品とされ、人気があります。紅茶は多種多様な香りがあるので、自分好みの香りを選ぶことも醍醐味《だいごみ》の一つです。

- 試飲の際に、水色が暗い赤色で濁っているものは避ける。
- 質が悪いものは粉末の茶葉が多く折れやすく、乾燥しすぎている。
- 茶葉の大きさや形もバラバラで艶がないものはNG。

茶葉

- 黒く艶があり、茶葉の形や大きさが揃っていて質感が柔らかいものを選ぶ。

香り

- 良い紅茶は淹れる前の状態でも、甘く香ばしい香りが広がる。
- 花蜜香（蜜のような香り）や龍眼香（フルーツの龍眼のような香り）など、さまざまな香りがある。

水色

- 透き通った琥珀色。

味わい

- 高品質のものは爽やかですっきりとして、混じり気がない味。
  爽やかな味わいと同時に深みがあり、飲んだ後も甘みが残る。
  質が悪いものは味に濁りがあり、渋みも強く、
  お湯で薄めても雑味や粉っぽさがある。

旬

- 春に摘まれた茶葉で作られたものが良質とされる。

賞味期限

約24ヶ月（賞味期限が書かれていない場合の目安）

実践・茶葉の選び方

6

黒茶

ポイント	長期の熟成が可能です。すぐに飲みたい場合は、熟茶または熟成の進んだ生茶を。若い生茶は渋みが強く、手元で何年か熟成させ、まろやかになるのを待つのが前提です。
茶葉	●熟プーアル茶も生プーアル茶も茶葉が充分乾燥しており、葉の形状が保たれ、艶のあるものを選ぶ。緊圧茶は固形の形が保たれ、硬くて充分乾燥しているものが良い。一見して泥の塊のように茶葉の姿がはっきりしないものは粗悪品で、淹れると泥水のようになってしまうことも。一般に緊圧茶は若いほど締まって硬く、崩しにくい。
香り	●熟プーアル茶は、甘み成分を含むような熟成香がある。発酵の度合いや発酵年数、製法によって特徴が異なる。年数を経たものほど、まろやかな香り（陳香）を持つ。 ●生プーアル茶は、ほのかに甘い香りを持つ。熟プーアル茶とは異なり、軽やかな香りが際立つ。 ●埃っぽくカビ臭いものは避けること（促成発酵の不手際などが考えられる）。
水色	●生プーアル茶は透き通った薄黄色から琥珀色。 ●熟プーアル茶は黒褐色で、良質のものは茶湯が滑らかで光沢がある。
味わい	●生プーアル茶は熟成した茶葉特有の旨味とともに、透明感と爽快感を味わうことができる。 ●高品質の熟プーアル茶は、プーアル茶特有の深みと滑らかな味わいを持つ。年数を経たものは、上質なスープのようなすっきりとした旨味がある。 ●質が悪いものはドロッとして濃い味で渋みが強く、葉底（淹れた後の茶葉）も崩れた葉が多い。
旬	●春に摘まれた茶葉。
飲む時期	●熟茶の多くは買ってすぐ飲める。 生茶は熟成10年以上のものが飲み頃だが、新しいものも飲める。
保存について	●竹籠、缶など。密封性が高い容器でなくても良い。常温保存で、通気性の良い場所を選ぶ。
賞味期限	長く置くほどにまろやかになる。保存環境が良いことが前提であるが、長期保存可能。

実践・茶葉の選び方

7

花茶

ポイント	花茶は、バラ・キンモクセイ・菊・洛神花・ジャスミンなど、花そのものを味わうものと、お茶に花の香りをつけたものがある。試飲できないこともあるので、まず香りをチェックする。低価格のものは、人工香料を添加している恐れがあるので気をつける。 ● 花茶は鮮度が大切なので、今年採れた花茶であるかお店に確認すると良い。 ● 香りを確認し、自分の好みに合ったものを選ぶ。 ● 可能であれば試飲させてもらう。
茶葉	● 花の形が均一で、崩れていないものが良い。 ● 花の色みがよく残り、色彩的に均一に揃っているものを選ぶ。 ● 濃い色で濁りを感じるもの、明らかな色落ちやくすみが感じられるものはNG。
香り	● 新鮮な花茶ほど、容器を開けた瞬間から香水のような甘い香りが空間に広がる。 ● 古いものは花の香りをほとんど感じない。すえた香りのものは飲まないこと。
水色	● バラは赤ワインのような澄んだ色。 ● 菊花茶はやわらかい黄色。 ● ジャスミン茶は淡い白色。
味わい	● 良い花茶は、味にトゲがなく花の香りのエッセンスのような風味がある。 ● バラ茶は、ほのかに心地よい甘みがある。 ● 菊花茶は、身体に染み入るような心地よい苦みがある。
旬	● バラ茶は一年中採取できるので、時期を問わない。 ● キンモクセイと菊花茶は9～10月。 ● ジャスミン茶は8月～9月。
賞味期限	約12ヶ月（賞味期限が書かれていない場合の目安）

中国でお茶を買うなら

本場・中国や台湾、香港で茶葉を買ってみたいというご要望もよく聞きます。観光地のお土産物屋さんなら、外国人向けにわかりやすく表示されていたり、贈り物用に綺麗に包装しているお店も多いと思います。時間がないときにも有効です。ただし、中国茶を買う醍醐味でもある「試飲」ができない場合も多いでしょう。専門店はその点、色々なお茶を試飲しつつ、じっくり時間をかけて選ぶことができます。言葉の壁など、思うように意思が伝わらないときもあるかもしれませんが、きっと冒険する価値はあると思いますよ。

旅先でのショッピング

ガイドブックに載るような有名店のほか、はずさないお店探しとして、ホテル内のお茶屋さんは比較的レベルが高めです。ホテルのコンシェルジュに街の専門店を尋ねてもいいでしょう。私自身は、良いホテルの食事で美味しいお茶に出合うと、「このお茶はどちらのものですか?」とスタッフに教えていただく場合もあります。北京には「茶荘」という茶館も併設した茶葉専門店、また、多くの都市には「茶城」と呼ばれるお茶専門のモールがあります。郊外には専門市場もありますが、店の数も大変多く広大で、行き帰りの足の心配もあるので、ハードルは高めです。

専門店で茶葉を買うときのアドバイス

整理整頓されている清潔なお店を選びましょう。岩茶専門店や、プーアル茶専門店など、種類別に専門的に扱っているお店は期待が持てると思います。

試飲にもコツがあります。できればおおよその価格帯を伝えておくのが、希望に近いものを手に入れる近道でしょう。また中国茶は3煎目ぐらいから本来の旨味が出てくるお茶も多いので、一つの種類のお茶を3煎ぐらいまで試飲させてもらうことが理想的です。

もし好みの味でないようでしたら、ほかのお茶を試飲させてもらいましょう。

指さし中国語 お買い物会話

専門店での買い物にはメモとペンがあると便利です。
お茶の名前や、購入したいグラム数・金額などを書き添えながら、
こちらの会話例を参考に、「指さし」でチャレンジしてみてはいかがでしょう?

このお茶はありますか?
「有这个茶吗?」

このぐらいの値段のお茶を探しています。
「在找这些价格的茶」

同じ種類でもう少し安い値段のお茶はありますか?
「同样种类有再便宜价格的茶吗?」

これはどの時期に採ったお茶ですか?
「这个茶是什么时期摘的茶?」

2煎目、3煎目も飲ませてもらえますか?
「我可以喝第2泡 第3泡吗?」

同様の価格で、違う種類のお茶はありますか?
「相同价格、有不同种类的茶吗?」

このお茶を買いたいです。
「我想买这个茶」

これを50g/100gください。
「这个要50g/100g」

お土産用に包装できますか?
「能作为礼品包装吗?」

有難うございます。ちょっと考えさせてください。また来ます。
「谢谢。让我想一下。我再来」

Column 3

龍 愁麗先生との日々

龍 愁麗先生は、ある日偶然私の店に来られた。

普段のようにお茶を淹れ差し出すと、先生は笑顔で「たまには人が淹れたお茶が飲みたくなるのよ」とおっしゃったことを鮮烈に覚えている。

私がお茶の授業も行っていることを話すと、先生は「私もそうです」と答えた。「この前は北京の故宮博物院の学芸員を対象に、宮廷茶藝の講義をしたのよ」と世間話でもするかのように、さらりと言ってのけた。何だかすごい人が来たなと思う間もなく、先生は名刺を差し出した。名刺には「東京大学史料編纂所 特任教授」と書かれていた。

お茶を飲みながら、先生は中国茶に関する歴史や、今までのご経歴などを楽しそうに話してくれた。私も中国茶に関する知識は自分なりに勉強したつもりであったが、先生のお話を聞くうちに、自分の勉強不足を痛切に感じはじめ、いつの間にかお話を聞く方に回っていた。

そして、店を持った今こそ先生に教えを乞いたいという気持ちが強く芽生え、「先生、私も先生の講義を受けたいです」と言っていた。

すると先生は「いつでもうちにいらっしゃい」と、私の願いを軽やかに承諾してくださった。

以来、先生のご自宅に通い、宮廷茶藝の作法や淹れ方はもとより、中国茶に関係する歴史的、文化的な背景についても幅広く学ばせていただいた。茶藝も、歴史の

龍 愁麗先生との日々

授業もいつも厳しかった。普段連絡を取り合うメールの文章でさえも、敬語や謙譲語の使い方が曖昧になっているときには、「こんな言い方は失礼です」としっかりと正しい日本語に添削された文章を送信してくださることが多々あった。（日本語の表現に慎重になりすぎて返信が遅くなると、「師ノ書信ニハ即応エルヲモッテ学徒ノ礼節トスル！」との四書五経の言葉で、かえって注意されることもあった）。先生は滅多に褒めてくれることはなかったが、「普通はプライドが邪魔して、素直に自分の勉強不足を受け入れない人が多いの。でも、あなたはとても素直だった。そこが私は気に入ったわ」と言っていただいたことがある。

後で聞いたのだが、先生は「私はなぜかあのとき、引き寄せられるようにあなたのお店に入った」とのことである。

先生と出会ってから、中国茶について、改めて深く学ぶきっかけを作っていただいたと思っている。ソルボンヌ大学で文化人類学の博士号を取られた龍先生は、かつて東京大学で日中文化史も教授されていた。日本の茶道や能楽、武道にも精通されていた。先生の中国茶の師匠は、愛新覚羅溥傑氏（愛新覚羅溥儀の弟）で、直々に宮廷茶藝を学んだそうだ。

印象に残っているのは、「作法とは、相手に敬意を払うことから生まれたものである。その前提をもとに、無駄の無い動きをすることが、結果的に美しい『茶藝』につながる。日本の茶道では流派によって点茶の作法に差異はあるかもしれないが、相手に敬意を払うということに対しては、日本の茶道も中国の茶藝も根本は同じである」という教えだ。

先生が授業でよくおっしゃっていたことは、歴史は両方の側面から見なければならないということ。中国茶の茶藝、日本の茶道が今に引き継がれてきた歴史を知ら

中国と日本の茶文化を等しく学ぶべき、という考えですすめていただいた本。

なければ本当の理解にはつながらないといった教えであった。私は、あたかも学生時代に戻ったかのような気持ちで緊張感を持って真摯に教えを受けていた。岡倉天心の著作である『茶の本』の講義も受けることができた。この『茶の本』は表向き「茶」というタイトルがついているが、その内容は、禅、仏教、華道といった日本人や日本の根底に流れている日本的美意識の思想をまとめた書物である。それらの思想が形作られるには、中国から伝来した仏教思想や老荘思想も少なからず影響を及ぼしている。文庫本で100ページにも満たない薄い本ではあるが、理解することは一筋縄ではいかなかった。私にとってはかなり難解な内容の『茶の本』を、先生は優しく、とても丁寧に解説してくださった。

ときには、授業とは離れて、先生とご交友のあった著名人とのエピソードも聞かせてくださった。ご主人である宮田雅之氏は切り絵作家で、谷崎潤一郎、三島由紀夫、吉川英治といった名だたる文豪の著作に、表紙絵や挿絵を描いていた芸術家である。挿絵は文章の内容を盛り上げる役目もある。とりわけ三島由紀夫氏は仕事の打ち合わせで先生のご自宅をよく訪れていて、先生お手製のお茶漬けが好きだったらしい。若い頃には谷崎松子さんに可愛がられ、鞄持ちをしていたお話や、ほかにもご交友にまつわる楽しいお話は山ほどあるが、ここでは割愛する。

この本の制作中の9月、先生が亡くなられたとの知らせを受けた。あまりにも急なことで、いまだにそのことが信じられないような状態である。この文章を書きながら、今でも先生が私を叱咤激励してくれているような気がする。今まで学んできたお茶についての知識、そして、先生から教わった大切なことを自分が引き継ぎ、伝えていかなければならないという使命を改めて実感している。

本書を龍 愁麗先生に感謝を込めて捧げたい。

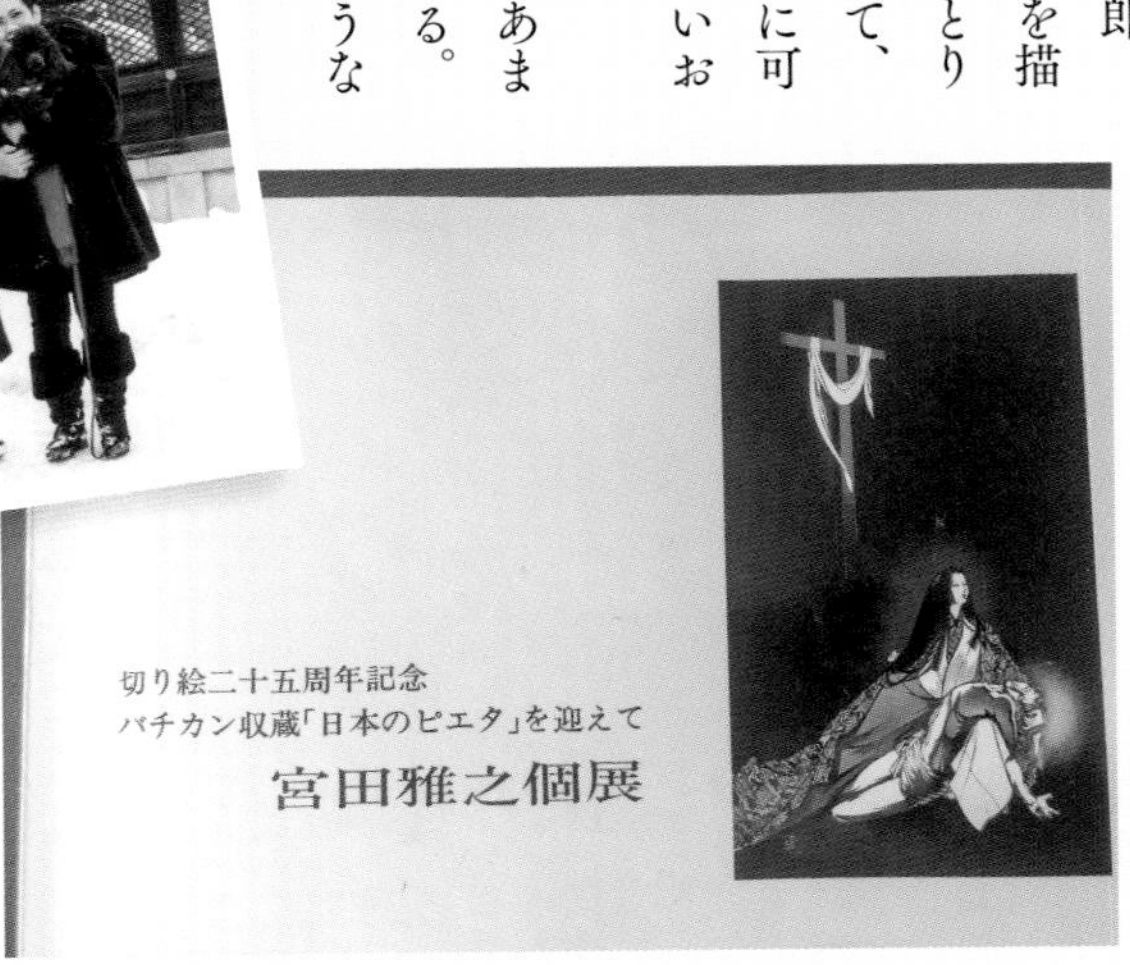

ありし日の龍先生と宮田雅之氏ご夫妻。宮田氏は谷崎潤一郎に見出され、本の装幀やNHK大河ドラマ『花の乱』ほかでも活躍。先生からいただいた貴重な作品は宝物。

Part 4

ビギナー銘茶

第2章でご紹介した究極の10種以外にも、おすすめしたい中国茶はたくさんあります。ここでは、日本で良い品質のものが手に入りやすい、私の好きなお茶17銘柄を紹介します。何事も、百聞は一見に如かず。美味しい体験を重ねて、あなたの「好きな味」を見つけてみてください。

西湖龍井茶
［サイコロンジンチャ］

産地：浙江省杭州市
特徴：中国二大緑茶の一つで、平らな茶葉が特徴。新芽をそのまま食せる。
味わい：ほどよい苦みと独特の香ばしさがある。
健康効果：血圧を下げる、美肌効果、アンチエイジング。

緑茶

太平猴魁
［タイヘイコウカイ］

産地：安徽省黄山市
特徴：茶葉が大きく明るい緑色。生産量が少ない貴重なお茶。
味わい：蘭のような華やかな香りと甘み。
健康効果：消化促進、免疫力向上。

黄山毛峰
［コウザンモウホウ］

産地：安徽省黄山市
特徴：黄緑色の細長い形状の茶葉で一芯一葉の黄金色の芽を持つ。
味わい：爽やかな香りと味、後味の甘みが持続。
健康効果：解熱作用、免疫力向上。

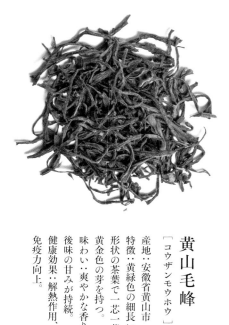

白茶

白毫銀針

［ハクゴウギンシン］

産地：福建省福鼎市
特徴：銀色の産毛に覆われ針のような形状の茶葉。新芽のみを用いた白茶の中でも最上級ランクのお茶。
味わい：フルーティな甘みとしっかりした旨味がある。
健康効果：解熱解毒作用、整胃腸、アンチエイジング。

白牡丹

［ハクボタン］

産地：福建省建陽市
特徴：白い産毛の芽を持つお茶。長期保存でき熟成が進むにつれ、コクと深みが出てくる。
味わい：清々しく爽やか。
健康効果：解熱解毒作用、二日酔い抑制、むくみ予防、アンチエイジング。

寿眉

［ジュビ］

産地：福建省建陽市
特徴：白毫銀針の「番茶」として白茶の中でも生産量が多いお茶。
味わい：白茶特有の爽やかな香りとあっさりとした味。
健康効果：解熱解毒作用、むくみ予防、アンチエイジング。

青茶

鳳凰単叢
［ホウオウタンソウ］

産地：広東省潮州市
特徴：烏龍茶の一種。
一本の茶木（単叢）ごとに製茶を行う
（他の茶木の茶葉を混ぜない）。
鳳凰山にある鳳凰水仙種などの茶木から
製茶することからこの名前がついた。
味わい：桃やライチのような
フルーティな香り、蘭や、
クチナシの香りなど、
茶木により異なる。
健康効果：整胃腸、疲労回復、血行促進。

凍頂烏龍茶
［トウチョウウーロンチャ］

産地：台湾南投県
特徴：台湾を代表する烏龍茶の一種で、
球状をした茶葉。
味わい：フルーティな香りと
苦みのないすっきりとした味。
健康効果：整胃腸、疲労回復、血行促進。

東方美人
［トウホウビジン］

産地：台湾新竹県
特徴：欧州で大人気となり、
オリエンタルビューティと命名された
台湾の代表的な烏龍茶の一つ。
発酵度は高めで、紅茶に近い。
味わい：マスカットのフルーティな
香りと甘く爽やかな味。
健康効果：整胃腸、疲労回復、血行促進。

紅茶

正山小種
［ラプサンスーチョン］

松薪香タイプ

産地：福建省武夷山市
特徴：松の木を燃やして燻蒸《くんじょう》させる。
味わい：独特な燻香がクセになる。
古くから欧州で人気の紅茶。
37ページの正山小種は、龍眼木やナツメや桃の木など香りの良い木を用いた焙煎によって作られ、銘柄は同じでもずっとマイルドで優しい燻製香が特徴。
健康効果：疲労回復、冷え予防。

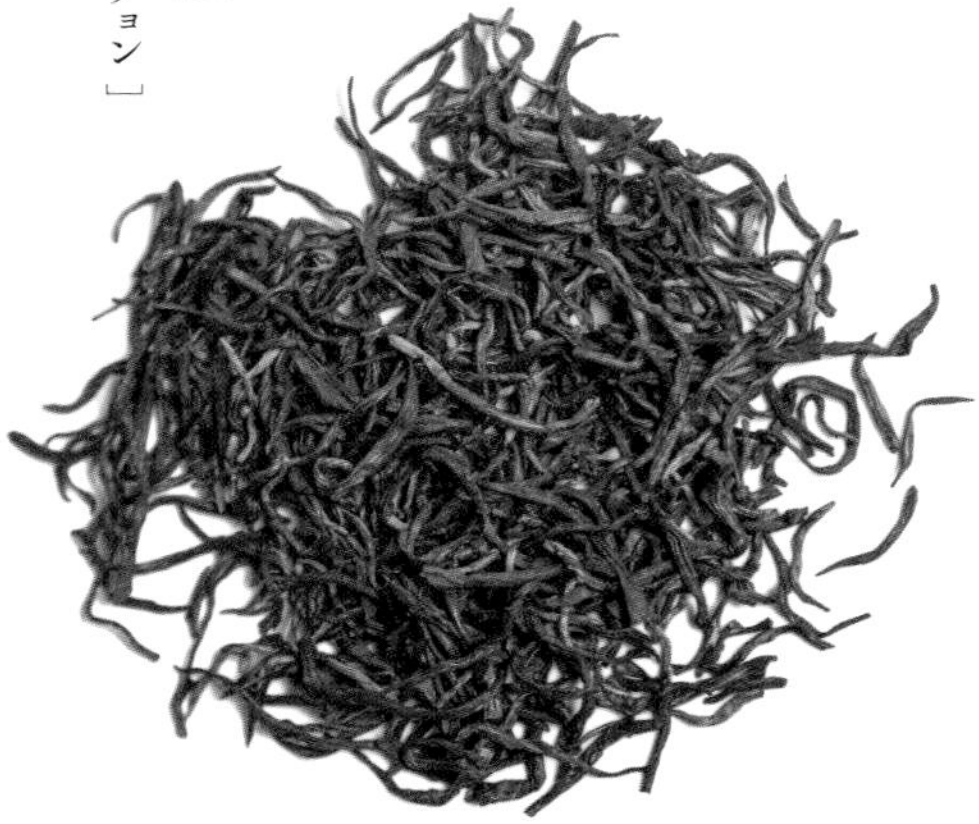

祁門紅茶
［キーマンコウチャ］

産地：安徽省祁門県
特徴：世界四大紅茶のうちの一つとして知られる。
味わい：フルーティな香りとまろやかな甘み。
健康効果：疲労回復、冷え予防。

雲南紅茶
［ウンナンコウチャ］

産地：雲南省保山市
特徴：数年経過するごとに熟成され、味に深みが出る。
味わい：渋みがなく雲南金針よりもしっかりした喉ごしと深い味。
健康効果：疲労回復、冷え予防。

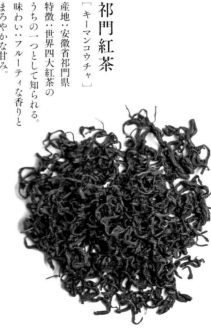

黒茶

プーアル生茶

産地：雲南省西双版納
特徴：日本では流通量が少ない生茶。
高品質のものは20煎近く飲める。
年月を経るほど味と香りに深みが増す。
味わい：独特な香りとまろやかな口当たり。
健康効果：消化促進、二日酔い軽減、
血圧を下げる、脂肪燃焼効果。

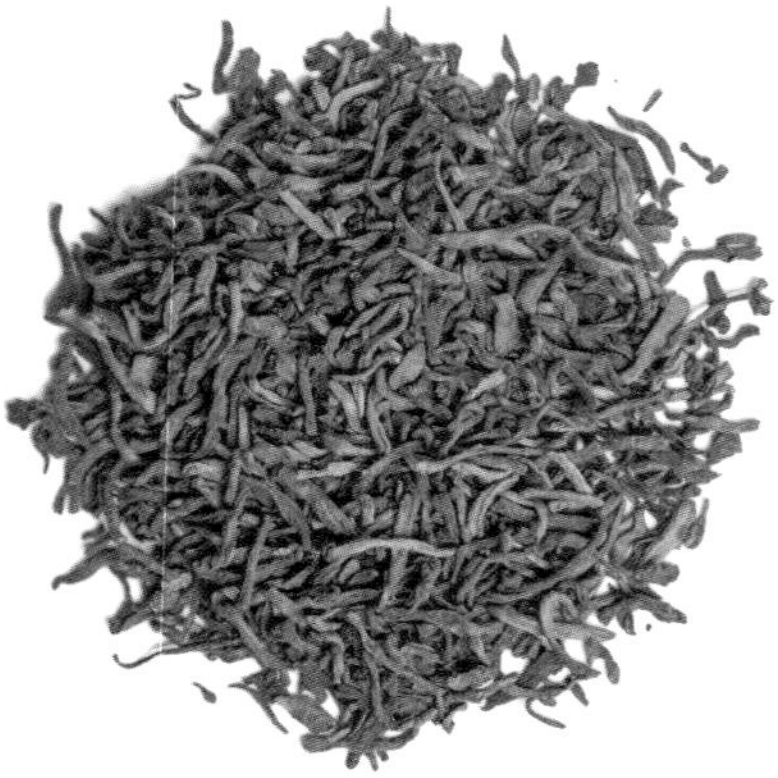

宮廷プーアル茶

産地：雲南省普洱市思茅区
特徴：プーアル生茶は長い年月を
かけて自然発酵させるのに対し、
熟茶は2〜3年で飲める。
生茶と熟茶は別々に保管する。
味わい：赤ワインのような
色とコクのあるまろやかな味。
健康効果：二日酔いや血圧を抑える。
肝機能回復、整胃腸、脂肪燃焼効果。

安化黒茶

［アンカクロチャ］

産地：湖南省安化県
特徴：中国古代銘茶の一つ。
「金花」と呼ばれる益菌による、
長期の後発酵工程を経て作られる。
味わい：濃厚で強い風味で、
やや渋みがある。
健康効果：血圧を下げる、
脂肪燃焼効果。

茉莉龍珠

［ジャスミンリュウシュ］

産地：福建省福州市
特徴：白い産毛の生えた新芽を球状にした茶葉。
海外では「ジャスミン・ドラゴンボール」と呼ばれ人気が高い。
味わい：爽やかな風味で優しい口当たり。
健康効果：リラックス効果。

花茶

金絲皇菊

［キンシコウギク］

産地：安徽省黄山市
特徴：中国では古来、延命長寿の薬として菊花を煎じた「菊花茶」を飲む習慣があった。
味わい：爽やかな花の香りと、心地よい苦みの中にほんのりとした甘みがある。
健康効果：眼精疲労回復、解熱作用、リラックス効果、高血圧・頭痛・喉の痛みの緩和、新陳代謝促進。

Column 4

紹介制プライベート茶館に見る「中国人とお茶」

茶人の聖典『茶経《ちゃきょう》』を著した陸羽とほぼ同時代に活躍した詩人の盧仝（ろどう）は、「七碗茶歌」という詩の中で、お茶を一杯二杯と飲むうちに、孤独や煩悶が消え、身体の脇から清らかな風が吹いて、最後には無我の境地になれる、という意味のことを書いています。中国古代の思想家や文人にとって、お茶は単なる飲み物や嗜好品の域を超えた精神的なものでもありました。

その心は、現代の中国にも形を変えて引き継がれているようです。自宅に茶室を造る人もいますし、２０１０年に大連に旅したときには、知人の紹介で会員制のプライベート茶館をビジターとして訪ねる機会がありました。中国の茶館は、気取らない庶民の喫茶店のようなものから、一見さんお断りの特別な場所まで、じつに振り幅が大きいのです。私たちが行ったところはマンションの一室にありますが、外からそういう場所であることがまったくうかがい知れません。

お茶と所作、インテリア三位一体の癒し

会員には、厳選された自然農法にこだわった入手しにくいお茶が提供されます。室内は唐代風のクラシカルで豪華なしつらえ。もの静かなオーナーが茶館メンバーに直接お茶を淹れてくれて、上質なお茶の香りと味を満喫しながら茶話会を楽しむことができます。中には仕事上の悩み、身体の悩みなどを話す方もいます。

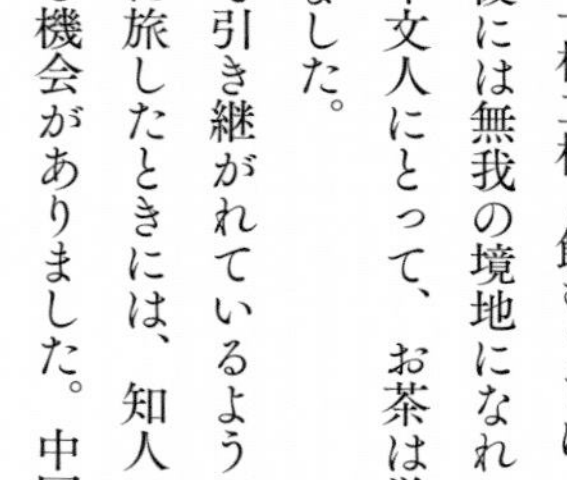

お客さんはそれぞれのスペースで思い思いに行動していて、気兼ねなく自分時間を楽しんでいる。

オーナーの秀でている点は茶を淹れる所作がなんとも美しいこと。まるで優雅な踊りを見ているようでした。会員はこの所作を見るだけで癒される気分になり、彼女の容姿も手伝ってファンも多いようでした。

館内にはヨガやレイキを行うスペースもあり、オーナーは身体の悩みを抱えた会員にも対応します。半畳ほどの翡翠の一枚板の上で黙想する方もいて、圧倒されました。オーナーは道教に通じ、人間関係の悩みを抱えている方に法話もしていました。会員は会社経営者の男性が中心。身体の問題でお酒が飲めない富裕層や経営者にとっては、アルコールを出さない高級クラブのような存在にもなっている感もありました。そう考えると約100万円の年会費（2010年現在）も高い金額ではないのかもしれません。それでいて家族で訪れても良い健全な雰囲気で、これも中国茶の生んだ現代のハイカルチャーなのだと納得しました。


最近、オーナーは大連から福州に移り、新たな会員制茶館を開きました（写真左下）。外国人ゲストのもてなしはもちろんのこと、娘のフィニッシングスクールとして母娘で訪れたり、思春期の子息の情緒安定の場として利用したりするなど、会員それぞれのニーズに合わせて楽しめる特別な場所になっているようです。

最近、中国ではお洒落なデザイン事務所などに行くと、ウエイティングルームに茶道具が置かれ、商談に入る前に担当者が自ら「お茶をいかがですか？」と美味しいお茶を淹れてくれることがあります。そうすると、不思議に緊張や警戒心がほぐれ、実際に商談がまとまりやすくなるなど、効果は計り知れないものです。中国茶は、人と人をつなげて自分自身を見つめ直すためのスイッチなのかもしれません。

新しい茶館はジャパネスクなものなども取り入れて、よりスピリチュアルに。

第４章

中国茶のはじまり

お茶は偶然生まれた

お茶の起源については、「偶然の産物だった」と言い伝えられています。

中国古代の伝説によると、神農という医療と農業を司る伝説上の皇帝が、１００種類もの植物を研究のために食していましたが、そのせいでしばしば胃腸不良を起こしていました。山の麓で、鉄瓶の水を沸かしていた神農は、眠り込んでしまいます。開いたままの鉄瓶のお湯に偶然茶葉が落ち、しばらくして目覚めた神農がそれを飲んだところ、胃腸の調子が数時間後には良くなったのです。このことから、お茶には解毒作用があることが発見され、漢の時代までお茶は貴重な薬として重宝されることになります。

原産地についてはさまざまな説がありますが、雲南省東部、または雲南省南西部あたりとする説がよく取られます。それが漢族とともに四川省など北に伝えられ、のちに黄河流域から長江流域に南下して全土に広まったと推測されています。

今に引き継がれる「お茶の聖典」

世界初のお茶の書物は、７６０年に唐代の文筆家・陸羽がお茶の起源から産地、製法、飲み方や心得までをまとめた『茶経（ちゃきょう）』です。およそ１２００年前に書かれた教本が、現代の中国でも「お茶の聖典」として引き継がれているのは驚くべきことです。

この時代のお茶の飲み方は、現代とは少し異なるようです。

「葉を蒸してから臼で挽き固めて乾燥させ、焙って粉になるまで挽く。そして、沸騰したお湯に茶の粉を入れ、干したショウガ、ナツメ、ミカンの皮など、色々な具を入れて食した」とあり、むしろ食べる感覚に近かったようです。

それを、陸羽は「せっかくの良いお茶は、お茶そのものを純粋に味わうべき」と諭し、現在のスタイルになりましたが、当時のお茶はとても高級で、主に皇帝の献上品や貴族階級が飲む「貢茶（こうちゃ）」と呼ばれた貴重品でした。

唐代（618〜907年）には、雲南省で採れた茶葉を蒸し圧縮させて乾燥させた「餅茶（へいちゃ）」という円盤状の固形茶を、馬の背にのせて何ヶ月もかかってチベットに運搬されました。この交易ルートを南のシルクロード、または「茶馬古道」と呼んでいました。

日本には、いつお茶が入ってきたのでしょうか。「天台宗の開祖・最澄が、805年に唐より茶の種子を持ち帰り、滋賀県の日吉神社に植えたのがはじまり」という記録が残されています。やがて宋代には、石臼で挽いて粉末にした茶葉をお茶碗に入れて混ぜるという現代の抹茶に近い「点茶法」も生まれました。ちなみに現在の中国には、抹茶を飲む習慣は残っていません。清末期の辛亥革命（1911〜1912年）によって古い習慣が一掃されたときに、抹茶もともに消滅したという説が有力のようです。

植物を啣《くわ》えた姿が定番。「神農像」狩野永納・作（東京国立博物館）

茶文化が完成に向かった明・清代

明の時代（1368〜1644年）になると「茶馬文化」はさらに盛んになり、茶葉と馬を物々交換で取引しました。高価な茶葉は馬一頭と交換されることもあったようです。

この時代には、「釜炒り茶」という製造方法が初めて一般に普及しました。

釜を約300℃で熱し、茶葉を入れて青臭さがなくなるまで根気よく炒り乾燥させるという一連の作業を、一つの釜で行う製法です。炒ることで漂う焙焼香気、香ばしい香りが特徴です。

この釜炒り製茶によって、お茶の淹れ方も変化しました。それまでは、大きな鍋で茶葉を煮出したものを柄杓《ひしゃく》で茶碗にすくってふるまう素朴な方法でしたが、茶壺（急須）を使用し、香りも楽しむお茶の飲み方に変化してゆきます。現代のお茶の基礎となったこの「泡茶（ほうちゃ）」という淹れ方は、お茶を楽しむための茶器となる白磁や青磁などの製造、発展へと繋がります。

当時、明と日本は、室町時代に足利義満がはじめた勘合貿易によって交流がありましたが、日本では釜炒り茶があまり浸透しなかったらしく、点茶法をベースに日本独自の「茶の湯文化」へと開花してゆきます。

中国で貴族と裕福な役人や文人に限られていたお茶の習慣が、一般市民へと普及するのもこの明代です。現代の喫茶店のような「茶館」で、社交の場として庶民にも広く飲まれるようになりました。清の時代（1616~1912年）は、茶葉の製造方法も確立し、茶器や茶道具などもほぼ完成された形になり、茶文化は黄金期を迎えます。

現代の茶藝に用いられる、「お茶の香りを聞く」聞香杯《もんこうはい》もこの時代に誕生し、福建省では「青茶（烏龍茶）」が登場しました。香りを大切にする文化から「花茶」が普及したのも、この頃からだと言われています。

ヨーロッパと中国茶

ここでは、紅茶がヨーロッパに伝来した史実も少し辿りましょう。

ヨーロッパにお茶が伝わったのは、明代末期になります。17世紀にはオランダの東インド会社とイギリスの東インド会社が交易を行うようになり、日本にもオランダ人を通じてお茶が輸入されました。

世界最古の紅茶の産地として知られる「正山小種《ラプサンスーチョン》」は、中国の福建省で生産されたのがはじまりですが、スモーキーで濃厚な香りはたちまちイギリスの貴族の間で人気になりました。イギリスで紅茶が普及した理由は、2つあります。ひとつには、1640年代に起きたピューリタン革命の禁酒運動が大きな要因になりました。

2つめの理由は、当時のイギリスでは、コーヒーと紅茶の両方が飲まれていましたが、コーヒーハウスは男性だけの社交場として、女性は入ることが許されませんでした。それに対し、ティーハウスは女性の入店を拒まなかったため、女性の間で紅茶文化が大々的に広がったのです。18世紀前半には、ティーカップはまだ存在せず、持ち手のない器で飲んでいたようです。

ところでイギリスの紅茶はなぜ、砂糖やレモンを入れるのでしょう？　諸説ありますが、当時は砂糖が非常に高価

お茶を主題にした最古にしてもっとも権威のある教本。

で、富裕層しか手に入れることができず、お茶に砂糖を入れるのは、財力と権力の象徴でした。甘いお茶は高いステータスを示す飲み物とされていたのです。

もうひとつの説は、船による長い輸送期間で、お茶の品質を保つのが今よりも困難だったこと、また、その年のお茶の出来も気候によって左右されたということです。より美味しいお茶を飲むために、砂糖やレモンを加えるという知恵が加わったというわけです。

かつて日本でも、紅茶が生産されていたのをご存じですか？　17世紀頃、野に自生する「ヤマチャ」と呼ばれる在来種の茶葉で作られていましたが、品質はもう一つだったようです。やがて日清戦争（1894年）と日露戦争（1904年）に突入する時代になると、インド・セイロン・ジャワなどの紅茶が日本市場に参入するようになり、国内の紅茶生産量も減少・衰退していったようです。

プーアル熟茶は歴史が比較的浅いお茶。

現代に生き残った中国茶

現代の中国でも、お茶は大切な場面に必ず登場します。結納の贈り物に欠かせない縁起物として、お茶を選ぶ中国人は少なくありません。「茶」の漢字の草かんむりは、十が2つ＝二十を表し、その下の文字が八十八になります。合わせると「二十＋八十八」＝108になることから「長寿」を願う意味が込められていると言われます。

実はこの三千年の長い歴史の中で、一度だけお茶の生産が危機に陥ったことがあります。1949年の中華人民共和国の建国ののち、毛沢東による1966〜1976年の文化大革命によって、お茶はブルジョワ的な贅沢品のシンボルとして弾圧され、茶畑を穀類などの農地に転換する動きがあり、茶産業は一時的に衰退しました。しかし、その間もひそかに福建省からお茶の苗が台湾に移送されたと言われます。台湾での茶葉栽培が発展し、台湾は中国茶の一大生産地としても有名になりました。

歴史の波に翻弄されながらも、中国茶は私たちとともにしっかりと息づいています。

Column 5

幻の中国茶、百年の時を経て甦る！

中国茶の長い歴史の中で、消えてしまったお茶もあります。

一時的な流行ののち世間から取り残されてしまった銘柄や環境の変化により消滅してしまったお茶など、さまざまあると言われています。

その中で、中国で今もっとも話題になっているのが、「安茶」という黒茶です。（ちなみに、六堡茶やプーアル茶とはまた別物になります）。

熊笹を敷き込んだ竹籠に詰めた黒褐色の緊圧茶で、製品化されたのちも自然な後発酵を続けます。

約100年前、安徽省祁門県に〝聖茶〟と呼ばれていたお茶がありました。広東一帯で疫病が発生したとき、このお茶を飲んで病気が治ったという言い伝えがあり、命を救ったお茶、瘴気《しょうき》や邪気を払ってくれて内臓を綺麗にするお茶として大切にされてきました。

しかし、その後に起こった戦争での爆撃によって水路が破壊され、茶産業が廃れてしまったのです。

それでも人々は、病気から救ってくれた〝聖茶〟を忘れることができなかったの

香港と広東省をメインに販売されている。

でしょう。その当時を知る人物から、製法について色々な情報を得て試行錯誤しながら試作を重ね、再び「安茶」として1990年代後半に復活させることができたのです。

安茶はプーアル茶に似て、古いものほどまろやかで健康効果も高いと言われていますが、購入ができるのはせいぜい10年物だと言われています。

私もこの安茶を、お茶が薬だった時代を思いながら大切にいただいています。

出荷を待つ安茶。8個をひとくくりにするのが定番。

第5章

奥が深いプーアル茶

プーアル茶は代表的な黒茶です。
中国茶の6大別種の中でただ一つ、この黒茶だけが
後発酵が加わって初めて市場に出回ります。
それぞれの後発酵の工程によって、
ほかのお茶にはない個性的な風味が生まれます。
そのため、中国茶の中でも、まるで銘醸ワインのように
ヴィンテージとしての価値を持ちうるユニークなお茶として、最近、
中国でも日本でもさらに大きな存在感を持つようになりました。

生茶と熟茶

プーアル茶は、後発酵の工程の違いにより、「生茶」と「熟茶」に大別されます。このことは、もちろん知ってるよ、という中国茶ファンも多い一方で、まだ完全には浸透していないかと思います。

プーアル茶は、晒青毛茶（さいせいもうちゃ）と呼ばれる緑茶に製茶された後、次の熟成過程で2つに分けられます。

お茶じたいの内側から起こる成分の変化、時とともに進む自然な発酵にまかせるものが「生茶」。市場に出回るまでには、最低1～3年ほど置くのが普通です。美味しくなるには20年ほど必要と言われますが、価格もぐっと上がるため、早い段階で買って自家熟成する愛好家が多くいます。ボルドーワインを想像していただけるとわかりやすいです。

それに対して、人工的に菌類に関与させて、温度や湿度を加え、発酵を促進させて作るのが「熟茶」です。こちらは3年から5年ほどで飲みやすく美味しくなることが多いです。それぞれの製造工程を整理すると、左記のようになります。

【製造工程】

［生茶］　殺青（熱で発酵を止める）⇩揉捻（揉む）⇩乾燥⇩蒸す⇩
緊圧形成⇩乾燥⇩自家発酵で長期熟成

［熟茶］　殺青（熱で発酵を止める）⇩揉捻（揉む）⇩乾燥⇩人工発酵（渥堆）⇩
乾燥⇩蒸気形成⇩乾燥⇩湿倉か乾倉で保存

発酵促進に使われる倉庫は各地にあり、そこに棲《す》みついている菌類の活動によってそれぞれ独自の風味が作られていきます。

基本的に原産地で長期間お茶を保存することは少なく、香港、台湾、広東省などの茶商の倉庫で異なる環境で「育てられて」いきます。それゆえ同じ頃に製茶された同じブランドのお茶でも、味わいが違うこともままあります。


プーアル茶には７００年ほどの長い歴史がありますが、地元・雲南省の人々にとってはプーアル茶＝生茶を意味します。熟茶はといえば、１９７０年代に輸出用に開発されたもので、生まれて50年程度の比較的新しいタイプのお茶なのです。日本では、先に熟茶の方が入ってきたため、流通するプーアル茶は、圧倒的に熟茶が中心でした。が、最近では生茶の経年変化に惹かれ価値を見出す中国茶ファンもだんだんと増えてきました。

形状は、生・熟いずれも円盤型（餅茶《ビンチャ》）、レンガ型（磚茶《ジュアンチャ》）、お碗型（沱茶《トウチャ》）などに成型して固める「緊圧茶」が中心で、「散茶」と言われる茶葉がバラバラの形状のものは少数派です。

プーアル茶は産地名ではない？

プーアル茶の原産地は雲南省南部にあります。

雲南省は漢民族を含めて約15の少数民族から成り立っています。明時代には漢民族と、雲南省の西北に隣接する遊牧民族チベット族との間に、お茶と馬との物々交換による交易がありました。この交易道が茶馬古道と呼ばれていたのは前述の通りです。雲南省の南、勐海県（もうかいけん）などで生産された緑茶は、まず省の北部に移送されました。そして、お茶と馬を交換する集積地の地名が「普洱（プーアル）府」だったことから「プーアル茶」と呼ばれるようになったようです。安渓鉄観音、武夷岩茶など、他の銘茶とは違い、産地そのものの名前ではないのが面白いところです。

緑茶を固めて加工したお茶は、目的地まで1年近い輸送期間を過ごすのが常でしたが、運搬途中の摩擦と雨や日光によって発酵が進み、独特の香りと味覚が生まれました。こうして自然に後発酵した緑茶の意外な美味しさを人々が発見したことから、プーアル茶の歴史が始まったのではないかと言われています。

ところで、プーアル茶の原木はまだ現存しているのでしょうか？

雲南省の双江県（そうこうけん）には、樹齢3200年の茶樹「香竹菁（シャンツーチン）」があり、プーアル茶の原木とされています。この古樹がじつは中国茶のルーツではないかとも考えられており、幹の胴回りは4メートルにもなり、梯子《はしご》をかけないと収穫できません。

この「香竹菁」以外にも、樹齢1000年以上の茶樹が十数本以上現存していると言われています。

大ヒットのきっかけ

プーアル茶は、もともと身体によいまろやかな美味しさのあるお茶として中国南部を中心に親しまれていました。1970年代に雲南省で茶葉の生産量が増えましたが、それと同時に、文化大革命時代は、農民出身の毛沢東による「茶畑を農地に」という動きもあったと言われます。

その時代は、年代物の貴重なお茶が香港、台湾に多く持ち出されたというエピソードもよく耳にします。

香港や各地に渡った華僑たちにより、プーアル茶はそれまで以上に広まっていきました。油っこい料理とともに飲むと体調を損ねず胃腸が整うなど、機能的な研究も進んだことから、中国全土に広まっていったようです。


脂肪分解のダイエット効果以外にも、プーアル茶は血圧を下げ動脈硬化を防ぎ、殺菌消毒作用を持つため歯の健康維持にも良いとされています。ビタミンCやE、ビタミンB群が豊富で、複合カテキンやアミノ酸などの栄養素も多く、アンチエイジングの効用も挙げられます。

清代の文献『本草綱目拾遺（ほんぞうこうもくしゅうい）』によると、生茶は食欲増進、消化促進、整腸作用、解毒作用、疲労回復、抗炎症作用や肥満防止などの効用があり、百病を治す効力が極めて高いと記されているようです。

生茶と熟茶の効用は基本的に同じですが、この2つに含有されるカテキンには、抗酸化作用によるガン予防、動脈硬化抑制、抗菌作用があるとされています。

生茶はカテキンを多く含みますが、熟茶は麴菌《こうじ》によってカテキンが分解されるためカテキンの含有量は減少します。

少し専門的になりますが、黒茶は茶葉の発酵過程でカテキンが変化することで、ポリフェノールの一種である「没食子酸（もっしょくしさん）」という有機化合物の一種が発生します。没食子酸は、胆汁（肝臓で生成される黄褐色のアルカリ性の液体）と結合して、脂肪の吸収を抑えます。

この働きから、プーアル茶には肥満防止、血糖値低下作用、ダイエット効果や生活習慣病の予防の効用があるとされ、食事とともにいただくお茶としても支持されています。

お店でプーアル茶を選ぶとき

プーアル茶は包装紙に包まれているため、「生」「熟」の見分けが難しい場合があります。「生茶」「熟茶」とはっきり記載されている商品もあり、すべてがそうならばわかりやすいのですが、例外も多々あります。

お店の人に確認すれば話が早いですが、もしもすでに試飲用などで包装が開いているものがあれば、中身を見せてもらうのが一番です。生茶の餅面は半発酵状態なので、浅い、やや褪せた緑色系をしているのに対し、熟茶は完全発酵で全体が均一に深い褐色であることが多く、生茶に比べると表面がややフラットな印象です。慣れてくるとだんだん見分けがついてきます。

飲み頃のプーアル茶からは、中国茶人が言うところの「陳香（ツンシャン）」と呼ばれる、年月を経た茶葉ならではの心地よい香りを感じることができます。

水色（お茶の色）は、比較的若い生茶は黄色い緑茶のような色、熟茶は褐紅色なので、試飲ができればなおわかりやすいでしょう。

めったにお目にかかることはないと思いますが、1980年代物などヴィンテージが進んだ緊圧茶は、端から崩れやすく、保護のために

シュリンク外装が施してあったりします。はずしてしまうと崩れが進んで商品として成り立たないし、一点ものも多いので、どうしても試してみたい場合は授業料になることを覚悟のうえで購入、ですね。でも、そこまで古くなくても美味しいお茶がありますのでご安心ください。

茶葉の選び方については、第3章Ｐａｒｔ3にも記しているのであわせて参考になさってください。

プーアル茶は「飲むアンティーク」

後発酵茶のプーアル茶は、年代ものほど珍重されます。

熟成期間が増すごとにカテキン、カフェインなどの成分が分解し発酵が進むことで、丸みのある味に変化するためです。

プーアル茶には賞味期限がないとも言われており、生・熟ともに長期保存が可能です。

特に年代を経た生茶の希少価値は高く、昨今ではヴィンテージものを追い求めるコレクターたちの間で、たった数百グラムのお茶が数十万円で売買されることも少なくないようです。

ヴィンテージにふさわしいお茶は、茶葉じたいが高品質であることは必須条件ですが、それ以上に、保存環境や温度などが整っていなくてはなりません。農産物ですから、その年によって出来不出来がある点もワインと似ているといえるでしょう。

ヴィンテージになるお茶かどうかは、どこで見分ければいいのでしょう。

事情が許せば餅面を見せてもらうことです。茶葉に白っぽいカビが生えていないで

生茶

包装紙に「生茶」と表記がなくても、包装紙のグリーンのラインが目印になることも。

餅面はくすんだ緑～茶色でテクスチャーがある。

しょうか。また、お茶の香りはどうでしょうか。鼻を近づけたとき、心地よい甘い香りを感じることができますか？　焦げたような臭いやカビ臭さ、つんと来る刺激臭がするお茶は避けた方が良いでしょう。

これは、保存環境がプーアル茶にふさわしい湿度より高湿だった証拠にもなるからです。

質の良いお茶は、梱包の状態の良さもひとつの手がかりになります。

前述したように、比較的若い状態の生茶の将来性を見込んでまとめ買いして、大事に保存しながら、味の変化を愛でるといった、まさにワインのような楽しみ方をされる方も少なくありません。最近では、茶商の倉庫に置かずに、製茶後すぐに小売りされるお茶も多くあります。それだけ年代もののプーアル茶に価値を置く向きが増えている証拠かもしれません。熟成期間の短いものには「青餅」と書かれているものもあります。ただし「青餅」を「生茶」の意味で用いているお茶もあるため、お店の方とよく話して理解してから購入しましょう。

中国茶の世界に浸ると、やはりプーアル生茶の魅力を追い求めたくなるのが人情です。私自身も生茶の魅力にとりつかれている一人です。ですが、熟茶にも上質で素晴らしいものがあります。まずは広い視野を持って、色々なプーアル茶を実際に体験することが一番なのではないでしょうか。

熟茶

熟茶は包装紙が赤いラインなどでデザインされている場合が多い。餅面は生茶と比較すると均一に赤茶色をしているのが特徴。

第6章

中国茶と食の新しい楽しみ

進藤幸紘さんのオリジナルお茶料理

香り豊かな中国茶はそのままでももちろん美味ですが、料理のエッセンスとしても見逃せない存在です。中国茶は何煎か楽しんだ後の茶葉にも栄養分が80％近く残っていると言われ、食べることもできます。レストラン「鶫」の進藤幸紘さん考案の自宅のキッチンで気軽に作れるノンアルコールの中国茶カクテルと、香り高いお茶料理をご紹介します。そのときどきの気分で、さらに楽しく中国茶を取り入れてみてはいかがでしょう？

レシピ考案・指導　進藤幸紘 Shindo Yukihiro

中国茶のノンアルカクテル

「飲まない派」のための、新しい選択肢

最近レストランでもお茶をベースにしたスタイリッシュで健康的なノンアルカクテルが人気です。ティータイムのお茶とは気分を変えて、フルーツやアイスクリームを添えてみると、ちょっと贅沢なノンアルカクテルに変身します。

大紅袍のブルーベリーウーロン

お茶の苦みと果物の甘みのバランスが絶妙。味に深みがある大紅袍を選んでいますが、他の烏龍茶でも美味しくいただけます。青茶はダイエット効果があり、カフェインが頭をすっきりさせてくれますので、気分転換したいときにもおすすめです。

青茶

RECIPE

材料：1人分
- 大紅袍……5g
- 市販のブルーベリーのジャムかコンフィチュール……15g
- 熱湯……120㎖
- 氷……適量

1）熱湯でお茶をしっかりめに淹れ、氷を入れて冷ます。

2）1にブルーベリージャムを入れてかき混ぜる。

★ほかの青茶や岩茶でも良い。

★オレンジやイチゴジャムでも。

熟プーアル茶のバニラアイスフロート

食後の飲み物には、消化促進効果のあるプーアル茶はいかがでしょう。黒胡椒と、甘さ控えめのバニラアイスの組み合わせが新しい大人の味。デザートとドリンクの両方をこの一杯で楽しめます。

黒茶

RECIPE

材料：1人分
- 熟プーアル茶……4g
- バニラアイス……適量
- 黒胡椒……適量
- 熱湯……120㎖
- 氷……適量

1）熱湯でお茶を淹れ、氷を入れて冷ます。

2）1にバニラアイスをのせ、黒胡椒をかける。

★粒胡椒を粗挽きしてかければ風味がさらに増す。

★甘みがほしい方はガムシロップを加えても良い。

贅沢茶漬け

お茶と具材とご飯のマリアージュに感動！

たっぷりのお茶と具材。それぞれのお茶の風味を存分に楽しめる新しいお茶漬けです。新鮮な味覚に驚かれる方もきっと多いことでしょう。ぜひお試しあれ。

白茶

鮭の西京みそ風味白茶漬け

爽やかで品のある白茶の風味と西京みそのアクセントが絶妙です。白茶には解熱作用があり、風邪気味のときにも試していただきたい一品です。

RECIPE

材料：1人分

- 市販の鮭西京みそ漬け……1切れ
- 白いご飯……150g
- 白茶……3g
- ぶぶあられ……ひとつまみ
- 熱湯……お茶碗一杯分

1）鮭の西京みそをキッチンペーパーでしっかりふき取る。

2）鮭をグリルで焼く。みそが焦げやすいので中弱火で4分焼き、ひっくり返してさらに4分焼く。

3）ご飯に2とぶぶあられをのせ、お茶をかける。淹れた茶葉をあしらってもよい

★塩鮭でも可。

★あられのかわりに刻み海苔でも美味しい。

緑茶

蒸し鶏の六安瓜片《ろくあんかへん》茶漬け

瓜《うり》のような形の葉の部分を用いた安徽省産の緑茶です。香り高い六安瓜片のお茶漬けは、なんとも上品な風味になります。
緑茶には血圧を抑える効果もあります。夕食を軽く済ませたい日などにも。

RECIPE

材料：1人分

- 鶏ささみ……1本
- 白いご飯……150g
- 六安瓜片……4g
- 塩……ひとつまみ
- ワサビ……適量
- 海苔……適量
- 熱湯……お茶碗一杯分

1）鶏ささみに塩を振ってラップをかけて蒸し、1.5センチぐらいの幅に切る。
2）ご飯に1とワサビと海苔をのせ、お茶をかける。淹れた後の茶葉をあしらっても良い。

★ほかの緑茶でも可。
★鮮度の良いささみなら、好みで半生でも可。

青茶

佃煮岩茶漬け 海苔風味

海苔と岩茶の茶殻で作った「佃煮」の香ばしさを一緒にいただきます。
岩茶は二日酔いや胃腸の不調を整える効果がありますので、飲みすぎたときにもおすすめです。

RECIPE

材料：1人分

・岩海苔……大さじ1
・白いご飯……150g
・岩茶（茶殻）……4g
・醬油……小さじ1
・みりん……小さじ1
・熱湯……お茶碗1杯分

1）フライパンに岩茶の茶殻を入れ、醬油とみりんを加えて炒める。
2）ご飯と1とを岩海苔にのせ、熱湯をかける。

★醬油とみりんの量について。
茶殻を使う場合は、少し多めに入れて好みの味に調節すると良い。

花茶

焼豚とホウレン草のジャスミン茶漬け

茶葉の苦みと豚肉の旨味がほどよくマッチします。
花茶にはリラックス効果があるので、
仕事の後の夕食にも良いです。

RECIPE

材料：1人分
・市販の焼豚……5切れ
・ホウレン草の葉……3枚
・白いご飯……150g
・ジャスミン茶……3g
・熱湯……お茶碗一杯分

1）さっと茹でたホウレン草を食べやすい大きさに切っておく。
2）ご飯に焼豚と1をのせて、ジャスミン茶をかける。
淹れた後の茶葉をあしらっても良い。

★豚のしゃぶしゃぶ肉で代用してもOK。
その場合、塩ひとつまみを入れた湯でさっとゆがく。

お茶の力でワンランクアップ

おもてなし料理

持ち寄り料理にいつも困ってしまう……という方も必見です。
滋味深いお茶が、シンプルなレシピをさらに美味しくしてくれます。
ご馳走感がありながら健康的なのも、うれしいですね。

青茶

豚の岩茶煮込みマーマレード風味

岩茶のほのかな香りと苦み、さっぱりした豚肉の風味が、オレンジマーマレードの甘さと絶妙なコンビネーション。茶葉を添えて一緒に食べても美味しい。ワインとも相性が良く、パーティ料理としても映えます。

RECIPE

材料：3～4人分

・豚肩ロースブロック肉……300～500g
・岩茶……5g
・塩……ひとつまみ
・水……肉が浸るくらい
・オレンジマーマレード……大さじ1

1）鍋に分量の水で湯を沸かし、豚肉と塩を入れ、茶葉も入れる。
2）沸騰後は、弱火にして30分煮る。
3）豚肉を1・5センチくらいの厚さに切り、オレンジマーマレードを添える。

花茶

ジャスミン蒸し鶏

ジャスミンの香りとあっさりした
鶏肉の風味が上品な味わいです。
アクセントに刻みねぎを加えるとより美味になります。

RECIPE

材料：2人分

- 鶏むね肉……250〜300g
- ジャスミン茶……4g
- 塩……ひとつまみ
- 白ねぎ……適量
- ごま油／塩……適量
- 水……500㎖

1）鍋に分量の水で湯を沸かし、ジャスミン茶の茶葉を入れる。
2）鶏むね肉に塩をまぶして1に入れ、
　弱火で40分ほど茹でる。
3）白ねぎをみじん切りにし、
　ごま油と塩でさっと炒め、食べやすく切った2に添える。
★ジャスミン茶は茶殻を使っても良い。

紅茶

牡蠣とラプサンスーチョンの炊き込みご飯

ラプサンスーチョンの高い香りと牡蠣の旨味がクセになりそうな「茶飯」です。中国の紅茶は個性が強い香りが特徴なので、ほかの種類の紅茶でも充分楽しめます。

RECIPE

材料：2人分

・牡蠣……………8粒
・ラプサンスーチョン……5g
・醤油……………大さじ1
・みりん……………小さじ1
・白米……………1合
・水……………170㎖

1）炊飯器に分量の白米と水、醤油とみりんを入れ、牡蠣をのせる。
2）ラプサンスーチョンの茶葉を散らして、普通にご飯を炊く。
★濃い味がお好みなら、醤油大さじ2、みりん小さじ2で調整可。

美味×中国茶ペアリングレストラン案内

中国銘茶のペアリングが楽しめるおとな向けレストランです。もちろん単品の銘茶もオーダー可能。どのレストランも、そのお店自体が〝旅の目的地〟になるオリジナリティ溢れる料理と、成熟した世界に包まれます。

Pairing Restaurant 1

鶫

広東料理とワインと銘茶に酔う

広東料理をベースに創作した約14品のメインに、お好みの料理を追加するプリフィクススタイル。アラカルトメニューも豊富です。約600本ものワインも揃え、お茶とアルコールの共演も楽しめます。カウンター席、個室を備え、色々なシチュエーションに。

美味×中国茶ペアリング

クリスピーチキンとラプサンスーチョン

人気のアラカルト料理。香ばしい皮がやみつきになります。

茶藝師があなたに合ったお茶を選んでくれます。白牡丹・鳳凰単叢・大紅袍・炭火焙煎鉄観音・蜜香正山小種・安化黒茶など豊富な品揃え。

DATA

鶫 -TSUGUMI-
東京都港区西麻布1-4-48
大樹ビル 2F
地下鉄日比谷線／
大江戸線・六本木駅から徒歩6分
Tel:03-6447-0171

Pairing Restaurant

2

Series

26皿のイノベーティブ・チャイニーズ

〝連なり〟がテーマの「Ｓｅｒｉｅｓ」は、少量多皿のコースにペアリングという斬新なスタイルで、常に大人気。スタンダードコースと、フカヒレや北京ダックなどの高級食材をメインとしたコースがあり、どちらも26品。

［ スタンダードコースの一例 ］

美味×中国茶ペアリング

フカヒレと大紅袍

コース料理に岩茶の代表格のお茶を。舌をリセットしてくれて、箸が止まらない。ほかに、コースのデザートの一例として茶葉を練り込んだ「正山小種《ラプサンスーチョン》の馬拉糕《マーライコウ》」も。

DATA

Series（シリーズ）
東京都港区麻布台3-4-11
麻布エスビル1F
地下鉄南北線・六本木一丁目駅から徒歩5分
Tel:03-5545-5857

中国茶は、大紅袍・桂花茶・ジャスミン茶、恩施玉露、生プーアル茶と、通も満足できる品揃え。

Pairing Restaurant 3

割烹 笹一

別荘地帯の食通が集まる店

河口湖、山中湖のグルメな別荘族なら皆知っている名店。ゆったりと落ち着いた空間で、厳選した旬の素材にこだわり、丁寧で滋味あふれるお料理が供されます。コース料理に合わせて、高級ランクの中国茶がいただけるのも嬉しいですね。

［前菜］

DATA

割烹 笹一
山梨県富士吉田市新西原3-16-15
富士急行河口湖線・富士山駅から約940m
Tel:0555-20-0331

美味×中国茶ペアリング

蟹ゼリーかけと鉄観音

蟹の繊細な風味が、香ばしい香りのお茶でいっそう引き立ちます。

美味×中国茶ペアリング

アワビのおじやと
大紅袍

常連さんが必ず頼むという創作料理はぜひ試したい一品。

Pairing Restaurant

4

レストラン エタデスプリ

洗練を極めた琉球ガストロノミー

宮古島「紺碧ザ・ヴィラオールスイート」に併設された海を望むレストラン。

この地でしか味わえない、想像をはるかに超えたクリエイティブな料理と演出を楽しむことができます。

次世代を担うフォーカスシェフに選出された、渡真利泰洋さんの世界観は、そのためだけの遠出でも、味わう価値ありです。

宿泊客以外でも食事ができます。

美味×中国茶ペアリング

祝祭の山羊（山羊のステーキ）
×大紅袍

焼き加減が絶妙な山羊肉と力強い大紅袍は好相性。

上／オリオンビールをソルベにしたユニークなデザート。右／沖縄の高級魚、ゲンナー（ナンヨウブダイ）をソテーした独創的な一品。

～中国茶・メニュー例～
特選ラプサンスーチョン・金川紅茶など。

持参した携帯茶器セットで、部屋でもお気に入りの中国茶をいただきます。

DATA

レストラン エタデスプリ
沖縄県宮古島市伊良部
字池間添1195-1
宮古空港から車で約20分。
Tel:0980-78-6000

Q&A
そこが知りたい中国茶

HISTORY

Q
お茶を意味する「ティー」は
中国語なのでしょうか？

A：もともとは中国福建省の厦門（アモイ）の方言である「テー（ｔｅ）」に由来すると言われています。貿易都市として栄えた福建省からこの言葉が外来語として、オランダ経由でヨーロッパに伝わったとされています。

Q
中国にも茶道は
あるのでしょうか？

A：中国には唐代から「茶道」の思想があり、お茶を淹れて飲むときの精神のあり方そのものを茶道と呼びました。日本ではその中国を源とする茶道から、独自の発展を遂げました。中国と異なる点としては、日本の茶道は細かい作法と哲学によって、それぞれの流派に分かれたことでしょう。日本と中国どちらの茶道においても、和を重んじ、お互いを尊重するという調和の精神は共通していると言えるでしょう。その後の中国では、儒教思想が重んじられるようになると茶道という言葉は使われなくなり、現代では「茶藝」が一般的に浸透しています。

Q
茶藝（ちゃげい）とは
何でしょうか？

A：唐代には書、詩など茶とその周辺の芸術という意味で、すでにこの言葉がありましたが、文化大革命により廃れました。その後１９７０年代の台湾で、お茶を美味しく淹れ、美しい技で魅せる茶藝が復興、１９８０年代には広く中国に普及しました。決まった作法というものはなく、地域や文化風習により異なります。

Q
「闘茶」とは何ですか？

A：９６０年代以降の宋の時代にはじまったと言われています。お茶を飲む習慣のあった貴族や文人など上流階級の間で流行しました。お茶の香り、味覚、泡立ちなどからその産地を推測し、勝敗を競う遊芸です。

Q
煎茶法と点茶法は
どのような違いが
ありますか？

A：唐代（６１８〜９０７年）の淹れ方は「煎茶法」、または「煮茶法」と呼ばれ、粉状にした茶葉を鍋に入れ煮てかき混ぜお茶碗に淹れて飲みます。その後の宋代（９６０〜１２７９年）には、粉末のお茶を入れたお茶碗に湯を注ぎ、茶筅（ちゃせん）を使って混ぜて飲みました。現在の抹茶の飲み方に通じる方法です。

— Q —

**お茶がきっかけで
戦争がはじまったのは
本当ですか？**

A：1840年のアヘン戦争のことです。18世紀は紅茶の生産は中国の独占状態でした。イギリスでは紅茶が大流行しており、紅茶以外にも陶磁器の需要も高く、中国からの輸入に頼っていました。当初は銀で支払っていましたが、次第に貿易赤字になり、その代わりに考えたのがアヘンの輸出でした。多くの中毒者が出たことで中国は輸入阻止に努めますが、密輸は収まらず、アヘン戦争に突入することになるのです。

— Q —

**ヨーロッパに輸出したのは
紅茶だけですか？**

A：輸出の大部分は紅茶でしたが、一部青茶（烏龍茶）も含まれていたようです。確かな定説はありませんが、中国からの長い船旅の過程で烏龍茶が完全発酵して紅茶になったようです。その強い風味がヨーロッパの人々に好まれ、黒い茶葉の色からブラックティーと呼ばれていました。

ヨーロッパの多くは硬水のため、非発酵茶の緑茶よりも、風味や香りを抽出しやすい紅茶の方が適していた点も挙げられます。

— Q —

**現代の中国は
紅茶の国のイメージは
あまりありませんね？**

A：現在最大の紅茶生産国はインドになります。1823年にインドのアッサム地方で自生する茶葉、アッサム種が発見されたことから、このお茶の栽培と製造が行われるようになり、アッサムティーが誕生しました。当時のインドはイギリスの植民地であったため、イギリスは大規模な茶園を整備させ、紅茶の大量生産に成功しました。

— Q —

**日本で作られるお茶が
ほとんど緑茶なのは
なぜですか？**

A：確かなことはわかっていません。日本の緑茶のはじまりは、遣唐使が持ち帰った「蒸し製法」のお茶だったと言われ、宋代にかけて伝わった茶樹と製法を継承してきました。ヨーロッパ諸国がお茶を求めてアジアに進出している最中に、日本は江戸時代の鎖国政策のため、中国茶の大きな流れから取り残されていった背景があります。その史実も少なからず影響しているのかもしれません。

HEALTH

— Q —

**お茶で薬を飲むのは
良くないのですか？**

A：お茶の成分にはカフェインやカテキンなどが含まれているので、薬の種類によっては、効き目が薄れるなどの影響を及ぼす恐れがあります。そのために、お茶で薬を飲まない方が良いとされています。

— Q —

**どの時間帯で
どんなお茶を飲むのが
良いでしょうか？**

A：朝：緑茶に含まれるカフェインが脳をリフレッシュする効果と、作業効率アップも期待できます。

昼：食後の消化と疲労回復に良い青茶・紅茶・白茶・黒茶などが良いでしょう。

夜：ノンカフェインの花茶、リラックス効果のある緑茶・白茶・青茶・紅茶などがおすすめです。

Q 眼の疲れや眼のかゆみに良いお茶はありますか？

A：菊花茶を推奨します。ビタミンAが多く含まれており、眼の疲れ以外にも眼病の予防、眼のかすみ、視力低下などの改善に効果があります。パソコンで長時間作業をする人は、日頃から菊花茶を積極的に飲むと良いでしょう。

そのほかに菊花茶には、鎮痛・解熱・解毒作用、風邪の初期治療、高血圧症による頭痛やめまいの軽減、慢性咽喉頭炎の腫れや痛みの軽減などにも効果があります。

中国漢方理論によると、眼の疲れや乾きは肝臓の不具合によるもので、肝臓を整えると眼の状態も良くなると言われています。菊花は漢方製剤にも配合される代表的な成分の一つとされ、肝臓の働きを改善すると言われています。

Q ダイエットに中国茶が良い影響があるそうですが、カテキンが多く含まれるのはどのお茶ですか？

A：6大別の中では緑茶に一番多く含まれています。日光を浴びると、渋みのもとであるカテキンが多く生成されるので、一番茶より二番茶、二番茶より三番茶の方がカテキンは増えます(その分、渋みも増します)。

Q 一晩置いた茶葉のお茶は飲まない方が良いのでしょうか？

A：茶殻を一晩置くと、タンパク質の成分の低下、カテキン類の酸化などにより、胃の粘膜が炎症を起こすことがあります。捨てるのがもったいない場合、前日多めにお茶を作って冷蔵庫に保存しておくことをおすすめします。

Q プーアル茶は生・熟ともに洗茶した方がいいのでしょうか？

A：良質なプーアル茶であれば、基本的に洗茶（一煎目をすぐ捨てること）の必要はありませんが、一度洗茶すると、すっきりとした味わいになります。プーアル茶は製法が独特なので、不純物が混入している恐れがゼロではないため、年代が古いものについては2回洗茶する人もいます。

TIPS

Q 日本の緑茶と中国の緑茶の大きな違いは何ですか？

A：茶葉を「蒸す」か「炒る」かの製法の違いがまず挙げられます。そのために、味わいや香りがまったく異なります。中国茶は独特な香りを引き出し10煎近く美味しく飲めます。日本の緑茶は蒸すことで最初から味がしっかりと出て、一煎目から深みのあるお茶が飲めますが、そのかわり二煎程度で終わります。例外としては「恩施」という蒸し製法の中国緑茶が有名です。

Q

同じ茶葉から緑茶や紅茶になるのですか？

A：その通りです。地域によって多少の違いはあるものの、チャノキ1種類の茶葉から、緑茶、紅茶、烏龍茶などのお茶へと人の手で作り上げられます。シンプルに、茶葉を釜で炒り酸化酵素の働きを止めると緑茶になります。茶葉を揉み発酵を促し、酸化酵素が成分のカテキンを酸化させることで紅茶となります。
このカテキンの酸化を途中で止めると、烏龍茶（青茶）になります。

Q

「茶酔い」という言葉をときどき耳にしますがどういう意味ですか。いいニュアンスなのか、逆なのかも知りたいところです。

A：中国茶は、身体を温める性質のものが多いので、すすめられてたくさんいただくと、血行が良くなり、本当にお酒を飲んだときのようなふわっとした状態になる場合があります。濃いプーアル熟茶などをたくさん飲んだときなどに起こりがちな現象です。お酒の酔いと同じで、ご本人が気持ちが良い限りにおいては、良いニュアンスだと思います。飲みすぎてだるく感じたり、胃が気になるなど、ふだんと体調が違うような場合は、ペースを落としましょう。アルコールとは違って、すぐに平常に戻ります。

Q

なぜ、中国茶のお店ではわざわざ淹れた後の茶殻を見せるのですか？

A：淹れた後の茶殻を見れば、茶葉の質の良し悪しを判断できるからです。葉底と呼ばれます。チェックポイントは茶葉の形質、均一性、色合いです。

・緑茶：青々とした緑色で、葉の毛羽立ちがなく、組織が綺麗に残っている。
・烏龍茶(青茶)：葉の周辺が赤銅色で、中央部が緑色のもの。
・紅茶：生き生きとした赤銅色で艶がある。黒っぽいものは発酵が未熟な茶葉。

Q

水出しに向いているお茶と向いていないお茶は？

A：発酵度が低い緑茶や、春の時期に摘んだジャスミン茶が向いています。バラやキンモクセイなどの花茶は、お湯を入れることで香りや味を引き出せるので、湯出ししてから冷やして用いましょう。岩茶などの青茶や黒茶は水出しだと風味の実力を発揮できず、少しもったいないと言えるでしょう。

Q

中国茶は軟水と硬水のどちらが適していますか？

A：軟水と硬水は、カルシウムイオンとマグネシウムイオンの含有量によって区別されます。硬水でお茶を淹れると、お茶に含まれるタンニンがカルシウムと結合し、お茶の色が濃くなると言われています。軟水は、お茶の持つ甘みや爽快感などを引き出すことから、お茶には軟水が適していると考えられています。

Q

これまで日本国内で何軒かの中国茶専門店に行きましたが、試飲のときのお茶にかなり濃い薄いの差があることに驚きました。中国茶の場合、お茶の濃さにスタンダードというのはあるのでしょうか。

A：一般的に、中国では南の地方の人々は濃いめのお茶を好み、北の地方では薄めが好まれると言われます。日本の専門店の方が中国各地で経験したものを引き継いで自身のスタイルを決めている可能性もありますね。私自身のやり方で言えば、たとえば一煎目は5秒ほどおいてすぐに飲んでいただきます。薄めに入りますが、最初の煎ならではの香りや甘みを感じていただければと思っています。基本はその方のお好みで飲んでいただくのが一番ですが、一煎目のほのかでデリケートな香味も味わってみてください。

Q

鉄瓶で沸かしたお湯は中国茶には良いのでしょうか？

A：鉄瓶には鉄分が含まれており、お茶の成分と鉄が結合し、味のニュアンスが変わってしまうのであまりおすすめはしません。

Q

近々遊びに来る友人に美味しい中国茶をふるまいたいと思います。もし、4種類だとしたら、緑茶、青茶、黒茶、紅茶をどういう順番で組み合わせるのがいいでしょうか。常識とかルールはあるのでしょうか。

A：お茶も、味が繊細なものからスタートして、しだいに濃厚なものにするのが基本です。たとえば、龍井茶、ラプサンスーチョン、大紅袍といった具合です。でも、ご友人がへとへとに疲れてやってきたら、最初に大紅袍でガツンと元気になってもらう、などの工夫もいいことです。身体に熱がこもりがちで暑がりな方なら、クールダウンできる緑茶を多めにおすすめするなど、お相手の体質も気遣いながら楽しいお茶の時間を過ごしていただければと思います。

Q

中国茶の知識をもっと深めたいのですが、どんなことを勉強すべきですか？

A：中級者のレベルでは、基本的な中国茶の種類を理解し、茶器や道具類を使ってお茶を淹れることができるようになります。中国茶は種類が豊富なので、季節や体調によってお茶を飲み分け、良い茶葉を選び美味しく淹れられるようになることが大切だと言えます。中国茶に関する文化、歴史、地理的な背景も学ぶことで、さらにお茶に対する理解を深めることができるでしょう。

あとがき

「たかがお茶」から「されどお茶」へ

製法は変われども、何千年も前からその姿は変わらぬまま、今に受け継がれているお茶というごくありふれた存在。私のお店には場所柄、外国の人もお店に訪れることがありますが、器に注がれた一杯のお茶は、見えない糸で心を繋ぐように、言葉もなく語り合える時間を作ってくれます。優しい風がそよぐように、心の安らぎが訪れたとき、人の心には国境はないと感じる瞬間です。また、お茶を飲んだ瞬間、堰《せき》を切ったかのように涙を流す方もいらっしゃいました。人の心を癒し、勇気づけるような存在にもなるお茶の力に私自身も驚かされることもあります。

本書を書くことは、こんな不思議な力を持ったお茶というものを、自分自身の中で見つめ直すきっかけにもなりました。本書の実現は、多くの方々の示唆やお力添えなしにはなしえませんでした。

一杯のお茶から生まれた縁に感謝です。

レストランでお料理を提供される方々が中国茶に注目してくださったことは、私にとってこのうえない喜びでもありました。お茶とのペアリングメニューを考案していただいた「鶫」の進藤幸紘さん、茶藝師の藤本真里奈さん、「Ｓｅｒｉｅｓ」の渡邊與義さんには、中国茶のメニューに新境地を切り開いていただきました。美しいサーヴィスを提供する彼らの発想の豊かさには時代の枠を超えた芸術的なセンスを感じます。

宮古島の美しい自然の中で育まれた食材を極限まで高めた料理を提供されている、「エタデスプリ」の渡真利泰洋シェフは、フランス大使館での新進気鋭の若手を紹介する「フォーカスシェフ」の15名に選ばれた表彰式の後、偶然私のお店に立ち寄られ、中国茶とフランス料理との組み合わせに興味を持っていただきました。

山梨、富士吉田市で代々「割烹 笹一」を営む保坂雅仁さんは日本料理に合う中国茶のメニューを考案されています。

〝好朋友〟の日野皓正さん、恩師の故・龍 愁麗先生にも謝意を表します。

そして、この本の発行に際して、美しいビジュアルを作ってくださったフォトグラファーの京介さん、デザイナーの内藤美歌子さん、そして持ち前の行動力と優れた企画力により、御尽力をいただいた石渡真美さん、常に的確なアドバイスで、素晴らしいチームワークを作ってくださった加藤ゆかりさんに心より感謝を申し上げます。

最後に、夫であり、本書の制作をサポートしてくれた伊藤久敬にも感謝します。

2022年1月吉日　伊藤悠美子

参考文献（タイトル50音順）

『一杯茶的生活哲学』池宗憲　宇河文化出版有限公司　２００５年３月
『烏龍茶の香気生成の秘密を探る』坂田完三　学会出版センター『化学と生物』１９９９年37巻１号
『岡倉天心「茶の本」をよむ』田中仙堂　講談社　２０１７年５月
『お茶の化学』大森正司　講談社　２０１７年５月
『お茶のなんでも小事典』大坪檀　講談社　２０００年８月
『鑑茶・泡茶・茶療』徐馨雅 北京連合出版公司 ２０１６年９月
『健康茶療』何驪　上海科学技術出版社　２００７年２月
『健康万能茶』簡芝妍　遼寧科学技術出版社　２００５年１月
『黄山毛峰』鄭建新・鄭毅　中国軽工出版社　２００６年１月
『食品の機能性と発酵による変化』中村好志／江崎秀男　日本醸造協会　２０１３年１０８巻１号
『図解茶経』陸羽　北京連合出版公司　２０１６年２月
『第一次品岩茶就上手』秦夢華　旅遊教育出版社　２００６年１月
『茶経』文若愚　北京連合出版公司　２０１６年１月
『茶道茶芸２００問』李梅　中国農業出版社　２０１７年１月
『茶の精神をたずねて』小川後楽　平凡社　２０１３年11月
『茶の本』岡倉覚三　岩波文庫（改版）１９６１年６月
『中国茶事典』工藤佳治　勉誠出版　２００７年12月
『中国茶の教科書』今間智子　誠文堂新光社　２０１２年11月
『中国茶の食品機能について－六保茶・普洱茶－』提定蔵　月刊フードケミカル　１９９０年８月号
『中国茶 風雅の裏側－スーパーブランドのからくり－』平野久美子　文藝春秋　２００３年１月
『中国茶密碼』羅軍　生活・読書・新知三聯書店　２０１６年４月
『中世日本の茶と文化―生産・流通・消費をとおして』永井晋　勉誠出版　２０２０年９月
『微生物発酵茶・中国黒茶のすべて』呂毅／郭雯飛／駱少君／坂田完三　幸書房　２０１４年８月
『普洱茶』池宗憲　中国友誼出版社　２００５年６月
『武夷岩茶』池宗憲　中国友誼出版社　２００５年６月
『福建省産烏竜茶の香気成分』呉秋儿／堀田博　茶業研究報告　１９８８年１９８８巻68号
『本場に学ぶ中国茶』王広智　科学出版社　２０１２年12月
『緑茶の世界－日本茶と中国茶－』松下智　雄山閣　２００２年９月

撮影　京介
白倉利恵（光文社写真室　P15、P70、P72、P75下、P96）
伊藤久敬（日野晧正氏コラム、エタデスプリ、笹一）
ブックデザイン　内藤美歌子（VERSO）
出版企画プロデュース　石渡真美
編集協力　加藤ゆかり

伊藤悠美子　Yumiko Ito

中国・大連生まれ。大連外国語大学を中退後、来日。法政大学経営学部を卒業後、同大学院経済学研究科修了（経済学修士）。１９９２年、米国ワシントン大学留学。その後日本に戻り、約10年間、商社、大手企業勤務。東京地方裁判所国選弁護人通訳、大手企業研修講師を経験。１９９７年に日本に帰化。２００６年６月、元麻布に中国茶専門店「ＧＵＤＤＩ」をオープン。翌年、「中国茶教室ＧＵＤＤＩ麻布サロン」を始動。２０１１年からはオンラインショップも開設し、現在に至る。２００８年８月、中国茶高級評茶師取得。その後も、龍　愁麗氏（中国芸術研究院名誉教授、上海師範大学客員教授、上海図書館芸術研究館特約研究員）に師事、中国宮廷茶藝を学ぶなど、さらなる研鑽を続けている。
http://www.guddi-onlineshop.com

中国《ちゅう》国《ごく》茶《ちゃ》で、おとな時《じ》間《かん》

２０２２年２月28日　初版第１刷発行

著者　伊《い》藤《とう》悠《ゆ》美《み》子《こ》

発行者　田邉浩司
発行所　株式会社　光文社
〒１１２－８０１１　東京都文京区音羽１－16－6
電話　編集部………03－５３９５－８１７２
書籍販売部……03－５３９５－８１１６
業務部…………03－５３９５－８１２５
メール　non@kobunsha.com
落丁本・乱丁本は業務部へご連絡くだされば、お取り替えいたします。

組版　萩原印刷
印刷所　萩原印刷
製本所　ナショナル製本

ISBN978-4-334-95287－7

中国茶で、おとな時間

伊藤悠美子

光文社